De si longues nuits

Textes d'Aurélie Fontaine
Photographies de Laeïla Adjovi

De si longues nuits

*La solitude des épouses d'émigrés
en Afrique de l'Ouest*

© **L'Harmattan, 2018**
5-7, rue de l'École-Polytechnique, 75005 Paris
www.editions-harmattan.fr
ISBN : 978-2-343-14469-6
EAN : 9782343144696

*Un grand merci à tous ceux qui ont contribué
à ce projet au long cours.*

« Les hommes partaient, revenaient ou non et ceux qui revenaient laissaient souvent derrière eux ceux que l'on attendait. Rivales d'Europe restées fidèles à leur chambre vide, les femmes ne se contentaient pas de patienter, elles remplissaient la gamelle des petits de leur courage, tissaient les joies et les peines pour jeter un pont vers l'avenir, qu'elles souhaitaient radieux pour leurs enfants. Elles n'en voulaient même plus à leurs hommes, ensorcelés par le chant des sirènes, sachant bien qu'elles devaient leur nostalgie au mot espoir inscrit sur l'horizon. »

Citation extraite du roman
Celles qui attendent,
de Fatou Diome.

Sommaire

Introduction générale 13

Chapitre I
Louga, Sénégal 17

Chapitre II
Abidjan, Côte d'Ivoire 49

Chapitre III
Béguédo, Burkina-Faso 69

Annexes 91

Table des matières 95

Introduction

En Afrique de l'Ouest, en Europe, on parle souvent de ceux qui tentent d'atteindre les côtes européennes, de ceux qui réussissent, et de ceux qui, tragiquement, meurent sur le chemin.

Mais on oublie les épouses de ces émigrés, celles qui restent au pays, qui attendent, parfois de longues années. Le fantasme de l'homme parti à l'étranger, que l'on croit forcément devenu riche, attire. Les jeunes filles, mais aussi leurs familles, espèrent que ce voyageur sera à la hauteur de leurs espoirs. Sur leurs épaules, une responsabilité immense.

Au pays, leurs femmes découvrent peu à peu la réalité. Elles se retrouvent face à la solitude, à leur rêve d'argent envolé, à la maltraitance, morale, parfois physique. Après avoir attendu quatre, sept, dix ans, certaines parviennent à se délier d'un mariage, de ces si longues nuits dont elles ne veulent plus. Mais le chemin est compliqué et douloureux, tant la pression familiale reste forte.

Ce sont ces histoires que nous avons voulu raconter, via une série de témoignages au Sénégal, en Côte d'Ivoire et au Burkina-Faso. Nous avons privilégié cette forme d'écriture pour leur laisser une parole brute, pour écouter simplement celles qu'on entend peu.

Au Sénégal, nous sommes allées à Louga, foyer de migration connu, tout comme Béguédo, dans le centre du Burkina-Faso. Les deux villes se situent dans des zones rurales, où les femmes quittent l'école souvent jeunes. En Côte d'Ivoire, au contraire, nous avons rencontré des femmes à Abidjan, la capitale économique. Elles sont plutôt issues de la classe moyenne, ont fait des études et sont indépendantes financièrement.

Ndeye Ba fut l'une des seules épouses d'émigrés de Louga à m'autoriser à la photographier à visage découvert. Restée sans nouvelle de son homme pendant des années, elle paraît abasourdie par cette attente qu'elle refuse de transformer en deuil. Elle montre un portrait de son mari, parti en Belgique il y a plus de 15 ans.

Louga, Sénégal, 2015.

Carte de l'Afrique de l'Ouest

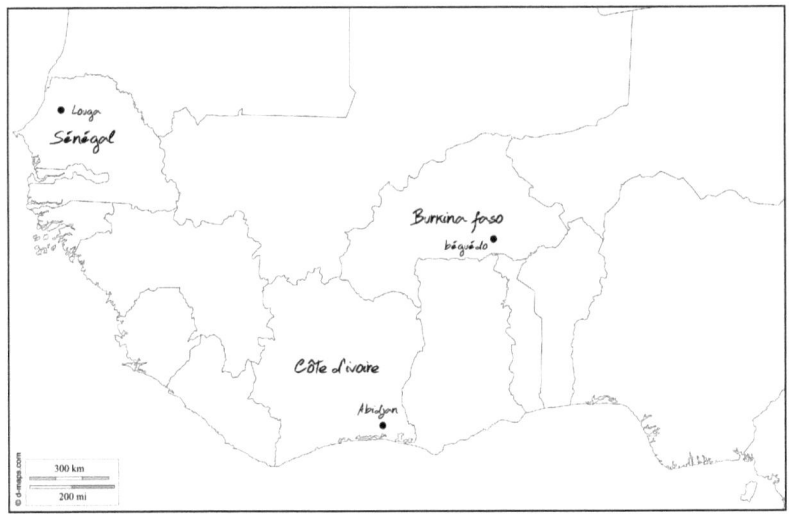

Note de la photographe

Comment photographier l'attente ? Mettre en image la séparation, le manque, le vide laissé par l'autre ? Dévoiler une des faces cachées de la migration, tout en respectant la pudeur de celles - et elles furent nombreuses qui acceptent de parler mais refusent à tout prix de montrer leur visage ?

Tout d'abord, gagner la confiance. Expliquer, réexpliquer, toujours, encore. Dire et répéter à Cumba, Ndeye, Khady ou Fanta pourquoi leur voix et leur image d'épouses d'émigrés importent.

Mais photographier l'attente, ce n'est pas juste montrer des fantômes ou des victimes. Ce qui frappe - et ce qui reste à l'esprit - ce ne sont pas les vies tronquées, les espoirs rassis, ou les rêves couverts de poussière. C'est plutôt la résilience. L'autodérision. La dignité de femmes qui ont souvent l'humour comme armure.

CHAPITRE I
Louga, Sénégal

Thiaroye-sur-mer. Au début des années 2000, c'est de ces plages de la banlieue de Dakar, la capitale, que partaient des centaines de pirogues, avec à leur bord des Sénégalais, mais aussi bien d'autres africains. L'objectif, rallier l'Europe, dans l'espoir d'une vie meilleure. « Barça ou barzakh » disaient-ils à l'époque : atteindre Barcelone ou la mort (barzakh en wolof, la langue la plus parlée au Sénégal).

Louga, plus au centre du pays, loin de l'océan, est posée sur une étendue de sable et de poussière. Les jeunes hommes fuient cet endroit, son ennui, sa terre aride, son taux élevé de chômage. Y restent les femmes, les enfants, les personnes âgées. 70% des jeunes Lougatois ayant une qualification universitaire n'y trouvent pas de travail, selon Cheikh Lô, le président d'une association de migrants à Louga.

Ici, les migrants donnent les preuves de leur réussite. On y trouve des maisons à plusieurs étages aux murs carrelés, à la peinture impeccable. Des 4X4 hors de prix, de nombreux chantiers en construction. Les mariages avec les émigrés sont fastueux. Les jeunes femmes envient ces cérémonies aux repas copieux, aux vêtements et bijoux qui brillent. De grosses sommes sont dépensées, quitte à s'endetter, voire se ruiner.

Alors les femmes y croient, les hommes aussi. « Les jeunes de Louga voient les migrants offrir de grosses voitures à leurs familles, dépenser de l'argent sans compter, porter des habits à la mode. C'est contradictoire parce-que ces mêmes migrants les découragent de partir. Ceux qui restent pensent donc qu'ils ne leur disent pas la vérité, qu'ils veulent garder l'Europe pour eux », explique Cheikh Lô.

L'aspect économique n'est pas le seul à prendre en compte. Pour une femme, être l'épouse d'un émigré c'est grimper dans l'échelle sociale. Pour les hommes, dit Cheikh Lô, « avoir une femme et des enfants à Louga c'est avoir un statut prestigieux. Cela signifie être capable d'entretenir un foyer au Sénégal ».

Désillusions

Une fois le mariage célébré, la fête terminée, la réalité prend le dessus. Ces épouses d'émigrés découvrent la solitude, l'argent promis qui n'arrive pas, les tentations quand le mari s'absente de longues années, une vie difficile dans la belle-famille, des violences conjugales.

« Ces violences commencent par être morales, puis parfois physiques, que ce soit de la part de la belle-famille ou du mari », souligne un haut gradé de la gendarmerie de Louga. « Pendant les périodes où les migrants reviennent les violences conjugales augmentent », ajoute-t-il.

Autre conséquence sociale désastreuse, un taux d'infanticide élevé lié à des grossesses extraconjugales. Les journaux sénégalais titrent souvent sur ces faits-divers. « Ces cas sont associés aux questions d'émigration. Les maris laissent leurs femmes très jeunes, pendant des temps très longs », souligne un autre gendarme. Au Sénégal, concevoir un enfant hors mariage est considéré comme une honte. Certaines ne voient donc pas comment s'en sortir autrement.

Après des années d'absence, la déception, la désillusion et la fatigue morale deviennent trop fortes. Des épouses demandent alors le divorce. Mais la pression familiale, sociale, rend ce processus très compliqué, très douloureux. « Tous les après-midis, je reçois ces femmes dans mon bureau. En 2014, 90 % des demandes de divorce introduites à Louga l'étaient par défaut d'entretien et/ou abandon du domicile. En grande majorité, ce sont des requêtes d'épouses d'émigrés. C'est dur pour elles de venir jusqu'à moi. Ici, la femme est un objet, qui n'a aucun droit, qui craint sa famille, son mari. Les hommes le savent et en profitent », se désole Julien

Ndour, juge de la famille au tribunal d'instance départemental de Louga.

Dans la ville, pas de référents pour leur venir en aide. Touty Dieng est une des seules personnes à avoir canalisé les angoisses de ces épouses d'émigrés. Pendant dix ans, la vieille dame a animé une émission radio, Confidences, qui leur était dédiée. Deux fois par semaine, elle lisait quelques lettres envoyées anonymement par ces femmes.

Touty Dieng en a reçu des centaines. On y abordait tous les sujets. Comme ces femmes choisies à distance par les hommes. En Europe, des Sénégalais les ont trouvé jolies sur une vidéo ou une photographie, envoyées pour montrer par exemple le dernier baptême de la famille. S'ensuivent des demandes en mariage, dont peu de refus.

Touty Dieng, dans la cour de sa maison. Pendant des années, elle a animé une émission de radio qui donnait la parole aux épouses d'émigrés

Louga, Sénégal, 2015.

Le lit vide de Ndeye Maguette.

Louga, Sénégal, 2015.

Dans leurs courriers, ces femmes parlaient aussi de la pression. « Elles sont très surveillées. Si quelqu'un les voit parler avec un homme, ce dernier peut appeler son mari, lancer des rumeurs », soupire Touty Dieng.

A Dakar, il existe ce qu'on appelle des « boutiques de droits ». Là-bas, les épouses sont reçues, gratuitement, par des juristes sénégalaises, qui leur expliquent leurs droits, les aident dans leurs démarches. « Le bouche à oreille fonctionne, des femmes voient que leurs amies obtiennent gain de cause. Elles se sentent plus fortes et savent qu'elles peuvent y arriver », témoigne Amy Sakho, de la boutique de droit de Pikine, une banlieue populaire de la capitale.

Une tendance qui s'inverse

Les médias contribuent aussi à lever le tabou. La chaine de télévision TFM, très regardée au Sénégal, diffuse une émission, Diaspora, dédiée à l'émigration. Un des thèmes les plus abordés sont les histoires des épouses d'émigrés. « Aujourd'hui, ces femmes osent parler mais craignent de témoigner à visage découvert. Ici, le regard de la société compte. Elles veulent parler car estiment que leurs maris à l'étranger ne se rendent pas compte de ce qu'elles vivent. Tu sens qu'elles vivent très mal leur situation. Souvent, leurs époux ont fondé un autre foyer à l'étranger et elles le savent », rapporte Kebs, la présentatrice de l'émission.

Ce qui a changé aussi, c'est la perception de la migration. Des reportages montrant la réalité de la vie des émigrés en occident sont diffusés dans les médias sénégalais. Une réalité loin d'une vie dorée. À la radio, à la télévision, mais aussi directement à leurs proches, les migrants eux-mêmes n'hésitent plus à décrire leurs difficiles conditions de vie. Dans les grandes villes surtout, le mythe se déconstruit peu à peu. « Des séries télévisées, qui renvoient à la projection de la société, ont démonté l'image du migrant. Dans *Ibra l'italien* par exemple un comédien jouait le rôle d'un migrant riche mais était en fait un voyou ».

Aujourd'hui les gens n'hésitent plus à critiquer le migrant, lui qui était vu avant comme un dieu. Les familles comprennent désormais que si les hommes entrent légalement en Europe et organisent leur commerce en faisant des allers-retours, c'est une vie tout aussi acceptable. Plus besoin d'y rester de longues années. Les proches sont plus réalistes. « Les femmes savent que leurs fils, leurs époux, ne feront plus fortune mais veulent quand même essayer de se réaliser quand ce n'est plus possible chez eux », détaille Fatou Sarr Sow, sociologue spécialiste des migrations et du genre.

A Louga aussi, ce regard évolue peu à peu. La crise économique mondiale est passée par là : les femmes s'aperçoivent que les transferts d'argent s'amenuisent d'année en année. Fini le temps où les mères voulaient systématiquement marier leurs filles à des émigrés. Khadija Gueye, présidente du comité de lutte contre les violences faites aux femmes et enseignante militante, raconte toujours cette histoire, pour montrer que les jeunes filles ne se laissent plus faire. « Une de mes élèves a été mariée de force à un émigré, à 18 ans. Elle a eu l'intelligence de ne pas dépenser la dot qu'on lui a remise. Trois ans sont passés sans qu'elle ne voit son mari. Elle vivait dans sa belle-famille, qui la prenait pour pire qu'une bonne. Un beau matin elle a dit ça suffit, je m'en vais. Elle s'est réinscrite à l'école et a redonné le montant de la dot, pour arrondir les angles ».

Au lycée où Khadija Gueye enseigne, les élèves parlent souvent de la migration. Dans le petit groupe qui discute à la sortie d'un cours, aucune ne veut épouser un émigré. Il y a ici des fonctionnaires, des commerçants qui gagnent bien leur vie, pourquoi aller chercher la solitude, demandent-elles. D'autres lycéennes tiennent un autre discours. Désormais, certaines veulent tenter leur chance en Europe.

Plus question de dépendre financièrement d'un homme, quand, croient-elles, il est plus facile pour une femme de trouver un travail à l'étranger. Le rêve du voyage, de l'aventure, est toujours là. Chacun sa chance, comme on dit ici.

Cumba

« Je m'imaginais une grande richesse »

De faux cils noirs, du fard à paupières bleu, du vernis à ongle rose et une posture de star sur-maquillée sur les clichés d'elle accrochés au mur de la chambre. Cumba, 36 ans, oscille entre bonne humeur communicative et tristesse. Tristesse quand elle regarde autour d'elle. Le lino du sol est déchiré, les murs défraîchis, la porte en bois cassée et un morceau de tissu noir sert de poignée. Mélancolie surtout quand elle parle de son mari parti travailler en Italie. A cette évocation, les larmes lui montent aussitôt aux yeux. Et ce n'est pas le photomontage plastifié d'elle et son mari (absent pour la prise de vue) qui la réconforte.

Cumba refuse que l'on prenne des photographies de cette chambre, la pièce où elle dort avec ses trois enfants de onze, sept et six ans. Elle a trop honte de sa pauvreté, elle qui croyait en une richesse évidente des émigrés. Seul le lit double, en bois taillé, est un cadeau du mari, offert lors de leur union. Pas question non plus de le photographier. « Je suis mariée à un émigré, il aurait dû m'en payer un neuf depuis bien longtemps ».

Cumba est pleine de contradictions, d'espoirs, de désillusions. Un jour forte, l'autre démoralisée. Elle veut que sa vie change mais n'ose pas. Poids de la famille, de l'entourage, mais aussi et surtout cet espoir, toujours là, même après des années d'attente. Et s'il revenait demain ? Et si ma vie changeait enfin ?

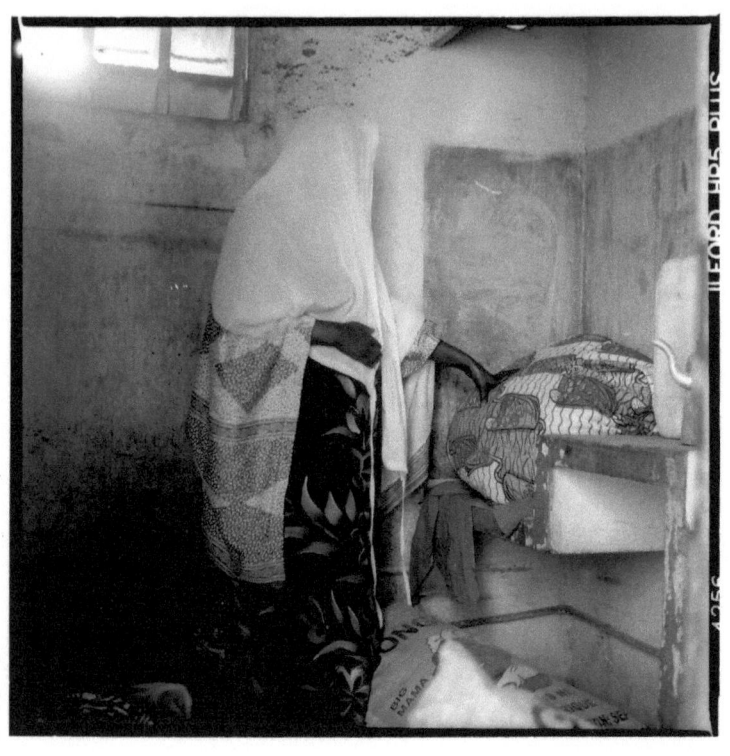

Cumba, chez elle, devant une pile de linge sale. Elle n'a pas assez d'argent pour acheter du savon.

Louga, Sénégal, 2015.

« Mon mari m'a confié sa volonté de partir deux ans après notre mariage. Il tenait une dibiterie[1] à Louga. Un jour il avait des clients, l'autre non.

Il n'a parlé qu'à moi de ce projet d'émigrer, pour ne pas l'ébruiter, pour ne pas attirer les jalousies. Je pensais qu'il partirait un an maximum, qu'il gagnerait beaucoup d'argent et qu'il reviendrait ici. Mais je ne l'ai pas vu depuis six ans maintenant et comme tu vois, je suis bien loin d'être à l'aise. Je croyais qu'il serait riche en Europe. Comment aurais-je pu croire le contraire ? J'ai bien vu mes copines mariées à des modou-modou[2]. De l'extérieur leurs vies semblaient belles.

Le mari émigré d'une amie lui a offert une télévision à écran plat, une chaine hifi, des bagages[3], des cheveux naturels[4]. Les cheveux naturels ça coûte au moins 200 000 francs CFA (305 euros). Mais visiblement, elle ne m'a pas dit toute la vérité. Elle m'a tu toutes les difficultés, pour garder la tête haute je suppose. Ici, les gens parlent trop, ça compte ce que les gens disent de toi. De toute façon, même si j'avais entendu des histoires moins belles, si tous les émigrés ne gagnent pas beaucoup d'argent, il fallait essayer. On ne sait jamais, chacun a sa chance !

Ma chance n'était pas au rendez-vous en tout cas. Les envois d'argent sont irréguliers. Pour la Tabaski[5], il a envoyé 50 000 francs CFA (76 euros) et 20 000 francs CFA (31 euros) pour un baptême, mais c'est tout. Je vais faire quoi avec ça ? Je vis chez mon frère. Ma mère m'aide financièrement. Je suis sa fille unique donc elle prend bien soin de moi. De temps en

---
1. Dibiterie : échoppe où l'on vend des brochettes de viande de mouton.
2. Modou-modou : le surnom que les Sénégalais donnent aux émigrés. Modou est un prénom très courant au Sénégal. L'histoire raconte qu'en Europe, quand un émigré sans papiers est interpellé par les forces de l'ordre il dit s'appeler Modou, pour ne pas dévoiler son identité. Les femmes émigrées sont surnommées Fatou-Fatou.
3. Bagages : synonyme ici de valises.
4. Cheveux naturels : en Afrique de l'Ouest, la majorité des femmes cachent leurs cheveux sous des perruques, des tresses et rajouts. Ces rajouts peuvent être synthétiques ou naturels, c'est-à-dire provenant de vrais cheveux. ces derniers sont les plus appréciés mais ils coûtent plus cher.
5. Tabaski : le nom donné au Sénégal à l'Aid El Kebir, la plus importante fête musulmane.

temps je tresse[6], ça fait un peu d'argent. Pendant six mois il ne m'a pas appelé. Autant de temps sans nouvelles de ton mari, c'est vraiment dur. Alors j'insiste pour qu'il me téléphone et pour qu'il me transfère de l'argent. Il dit qu'en Europe la vie est vraiment trop dure.

C'est pour tout ça que je veux témoigner, parce-qu'il faut dire la vérité. Et la vérité, c'est que souvent, je m'assois et je pleure. Quand il me manque, quand je n'ai pas l'argent pour acheter un cahier, de la lessive.

J'en ai marre, je vais essayer de trouver un travail, pour les enfants. Je suis en train de me rendre malade à cause de ça. Le père de Mariam (sa fille aînée, issue d'une première union), qui est photographe, et qui vit au Sénégal, envoie plus d'argent. Il lui paye une école privée, alors que les garçons ne peuvent aller qu'à l'école publique[7].

Je veux divorcer, c'est trop dur, je me sens seule. Mais mes amies proches me disent qu'il ne faut pas demander le divorce, pas avant qu'il ne revienne et qu'on voit comment arranger les choses. La famille lui parlera, lui demandera pourquoi il agit comme ça. Ils m'ont promis que si après cette discussion il continue ce comportement, il ne pourra pas rester avec moi. Il me dit qu'il a sa carte de séjour depuis deux ans. Donc, il lui reste un an pour revenir et pour pouvoir repartir sans problèmes. Je lui laisse encore cette année, après c'est fini, je demande le divorce au tribunal.

Ma cousine, qui est aussi en Italie, l'a vu avec d'autres femmes. Il s'est marié à une autre Sénégalaise, cinq mois après son arrivée en Italie. C'est ma cousine qui me l'a dit. La famille lui a ordonné d'arrêter ça, alors il a divorcé. Pareil avec l'Italienne blanche avec qui il s'est marié puis dit avoir divorcé. Mais moi je ne le crois pas. A-t-il vraiment divorcé ? Où sont les papiers qui me le prouvent ? Au téléphone, il m'accuse

---

6. Tresser : signifie ici tresser les cheveux.
7. Ecole publique : au Sénégal, le système public a très mauvaise réputation. Grèves à répétitions, enseignants absents une bonne partie de l'année, manque de moyens, classes surchargées, mauvais résultats.... Les parents préfèrent donc inscrire leurs enfants dans le système privé.

d'aller voir des marabouts pour lui gâcher ses mariages. Moi, je pardonne des choses, alors que je sais que ces femmes en Europe ne lui pardonneraient même pas une seconde.

Regarde sur la photo comme il est beau... Le problème c'est que je l'aime et que, s'il revient, je ne sais pas si j'aurai la force de divorcer. Je sais bien qu'il blablate seulement. Il me dit que quand il aura de l'argent il me mettra dans une belle maison, mais ce ne sont que des paroles. Je veux lui dire merde mais quand il reviendra peut-être que je pardonnerai. Je me souviens des années où il était là. Tout allait bien, c'était un homme bon. Il me lavait même mes dessous ! C'était un homme digne, qui ne contractait pas de dettes. Il ne cherchait pas les mauvaises histoires, il ne buvait pas, ne se droguait pas. C'était un homme droit, son cœur était beau ».

Ndeye Maguette
« La nuit dure trop longtemps »

 Parce qu'elle n'a ni perruque ni tresses, Ndeye Maguette (pseudonyme) porte un filet crocheté rouge sur ses cheveux coupés à ras. La jeune femme de 32 ans est fine, grande, un visage bienveillant, riant. Un rire qui sert aussi à cacher les instants de malaise.
 Comme Cumba, on ne la reconnaît pas sur les photos placardées dans sa chambre, qu'elle partage avec ses filles de deux et six ans. Son teint noir a disparu sous une poudre couvrante blanche, une norme de beauté au Sénégal. Ses yeux sont très maquillés, ses sourcils parfaitement dessinés au crayon charbonneux. Près des photos, un sac en faux cuir noir. Une perruque, pour les grands jours, est accrochée au ventilateur. Sur le lit, une peluche, un gentil dragon rouge aux écailles vertes. Un pan d'une armoire massive est fermé à clé. A l'intérieur, des boucles d'oreilles, bracelets et colliers en or offerts par son mari.
 Dans la vie de tous les jours, Ndeye Maguette porte un pagne[1] aux couleurs fatiguées, un large tee-shirt et des tongs. Ses journées sont rythmées par la préparation du repas de midi, les courses au marché, les séries à l'eau de rose diffusées sur les chaines sénégalaises et les discussions avec sa belle-mère et sa belle-soeur, qui habitent la même cour[2]. Excepté la cuisine, tout se passe dans le salon, volets fermés, pour éviter l'air trop lourd.

---

1. Pagne : morceau de tissu, généralement en wax. Il est attaché autour de la taille et descend jusqu'aux chevilles, servant de jupe.
2. Cour : ici, cela signifie le même ensemble d'habitations. Les chambres et salons sont privés, mais salles de bains, toilettes et cuisine sont dans une « cour » commune à tous les résidents.

C'est ici qu'elles boivent le thé, le café touba[3], prennent le petit déjeuner, papotent, regardent la télé. Six gros fauteuils marron sont adossés aux murs, ornés de napperons blancs. Il y a aussi une grande télé envoyée de l'étranger en conteneur par son mari. L'écran plat est recouvert d'un grand drap blanc, pour éviter que le sable et la poussière ne s'incrustent. Un cliché plastifié de la mosquée de Touba, la plus grande du pays, et un calendrier d'une pharmacie sont accrochés.

Ndeye Maguette est sans emploi. Elle s'est mariée il y a dix ans. Son époux de quarante et un ans est aux Etats-Unis depuis vingt ans. Il est vendeur ambulant, payé à la journée, pour vendre des sacs, des ceintures et des chaussures.

« Mon mari est de la famille éloignée. Emigré aux Etats-Unis, il retourne régulièrement au Sénégal. Un jour il est venu saluer ma mère. J'étais avec elle. Il m'a remarqué et m'a trouvé jolie. C'était notre première rencontre. Il m'a demandé mon numéro mais je n'avais pas de téléphone portable. Il m'a invité au restaurant et m'a donné un téléphone avec une puce. Il m'a souvent appelé mais on ne s'est pas beaucoup vus car il n'est resté qu'un mois au Sénégal. Un soir mes parents m'ont dit qu'ils voulaient que je me marie avec lui. Je m'en souviens très bien, je revenais du marché. Tous les jours, matins et soirs, ils venaient me voir pour me convaincre. Ils frappaient à ma porte et venaient me parler. Ils ont insisté, insisté. Pourtant à l'époque j'avais déjà un copain. Je leur ai dit que j'avais déjà fait mon choix. Eux ne voulaient pas, ils préféraient ce cousin éloigné. Ma mère m'a assuré qu'il était l'homme idéal, qu'il serait un bon mari car ils le connaissent.

---

3. Café touba : café épicé, qui tient son nom de la ville sainte de Touba, dans le centre du pays.

Mariée depuis 10 ans à un homme travaillant comme commerçant aux États-Unis, Ndeye Maguette sort peu. Elle s'occupe de ses filles et regarde la télévision. Au début, elle ne voulait pas l'épouser. Mais ses parents ont insisté.

Louga, Sénégal, 2015.

Au début, leur demande m'a choquée. Je ne voulais pas céder, j'avais peur de me marier à quelqu'un qui ne serait jamais là. Mais ici les demandes des parents sont primordiales. Tu dois accepter leurs exigences pour qu'ils soient satisfaits de toi. Alors au bout de deux semaines j'ai accepté. Je l'ai finalement épousé pour que la paix revienne dans la maison. Si je ne l'épousais pas, mes parents m'ont dit que s'il m'arrivait malheur, ils s'en laveraient les mains.

Je leur en ai voulu de m'imposer cette vie mais ma colère est passée. Ici on doit respecter la décision des parents. Ils me disaient que cet homme m'apporterait du bonheur et qu'il pourrait subvenir à tous nos besoins.

Nos parents nous poussent à épouser des émigrés pour l'argent. Or la réalité est tout autre, la vie est dure quand tu es femme de modou-modou. Ici à Louga on aime trop les émigrés, mais ce n'est pas bon.

Petit à petit je suis tombée amoureuse de lui, au début je ne l'étais pas. Il est beau, charmant, gentil et attentionné. Il a aussi des défauts : il se fâche trop, ça me rend triste, et il est jaloux.

Aujourd'hui, ça va, je me suis habituée, même si je me sens seule, surtout la nuit. La nuit dure longtemps, trop longtemps. Je ne l'ai pas revu depuis onze mois. Cette solitude me pèse, mais je ne peux pas retourner en arrière.

Quand je l'imagine ici, la vie est belle. Au téléphone, notre fille aînée lui demande toujours la date de son retour. Pour les grossesses et les naissances il n'était pas là. J'étais triste, mais que faire ? C'est le bon Dieu qui a voulu ça. Mais ça allait, la famille était là avec moi. Je m'habitue à son absence mais quand il revient et qu'il repart, les premiers jours sont vraiment durs. Puis, un mois, deux mois après, je me réhabitue et la vie reprend. Certaines fois il ne revient pas pendant un, deux, trois ans.

Je n'oublierai jamais le premier jour où il est revenu après notre mariage. Il était tellement beau, il m'a tellement gâtée. Il portait un polo Lacoste et un jean. Il est venu avec deux valises et un sac emplis de cadeaux. J'ai sauté sur lui, je lui ai fait des bisous. Je m'étais faite belle, un jean, un body, des sandales et un peu de maquillage.

Etre ensemble, c'était tellement bien, mais je ne veux pas le rejoindre. Ce que tu as ici, tu ne l'auras pas là-bas. Ici, je peux être tous les jours avec ma famille, ça ne m'intéresse pas d'aller souffrir là-bas. J'aurais préféré que mon mari soit là, qu'on travaille ensemble. Là-bas, ce n'est pas bon, on croit qu'il y a beaucoup d'argent, que tu peux acheter des voitures, construire des maisons à étages. Je croyais qu'on serait riches, mais en réalité nous les femmes de modou-modou nous sommes trop pauvres !

Les filles de mon entourage croient que je leur mens sur ma situation. Elles disent que j'ai de l'argent caché, que j'ai ouvert un compte bancaire pour déposer discrètement mon argent. Elles en sont persuadées et veulent donc se marier à un émigré. Moi, j'aurais voulu qu'on me dise la vérité, j'aurais sans doute fait un autre choix. Par exemple je voulais être avocate, là je suis ménagère.

Quand tu te maries tu dois arrêter tes études. Heureusement mon mari est un homme bon, il n'a pas pris de deuxième épouse[4].

Il m'appelle toutes les semaines, des fois plus, on reste dix minutes au téléphone, on se raconte comment va la famille, nos histoires du quotidien, on se dit qu'on se manque. Je sais que sa vie là-bas est dure. Il me dit qu'aux Etats-Unis il pleut de la neige, qu'il ne peut pas sortir, qu'il est obligé de rester à la maison donc qu'il ne vend rien. Moi, je découvre les USA via les reportages à la télévision. »

---

4. Deuxième épouse : la religion musulmane autorise les hommes à épouser jusqu'à quatre femmes.

Ndeye Fatou

« Je l'ai attendu toute ma vie. Aujourd'hui je suis vieille mais divorcée »

Dans la chambre de la fille cadette de Ndeye Fatou (pseudonyme), un ventilateur tourne, un gamin apporte des glaces au bissap[1] et au bouye[2], un autre de l'ataya[3] bien sucré. Allongées sur le lit et assises sur des tabourets, il y a là Ndeye Fatou, sa fille et quelques voisines. Toutes sont rassemblées autour d'une vieille télévision pour regarder Un café avec, une série à l'eau de rose sénégalaise. Pas question de rater les intrigues. La pièce est emplie de meubles. Un grand lit en bois taillé. Une imposante armoire à quatre portes, une pour chaque femme de la famille. Chacune a sa clé et y range vêtements, chaussures, sacs à mains, produits de beauté et bijoux.

A cinquante ans, et comme toutes les femmes de son âge à Louga, Ndeye Fatou porte un foulard sur la tête et s'habille de larges tissus, qui descendent aux chevilles et laissent passer l'air sur le haut du corps. Cette dame au visage rond et lisse est accueillante, souriante, mais fatiguée. Ses quatre enfants la soutiennent mais ne peuvent l'empêcher de dire qu'elle a perdu sa jeunesse et sa vie de femme.

---

1. Bissap : feuilles d'hibiscus. Très utilisées pour le thé, les jus et les glaces.
2. Bouye : jus et glace concoctés à partir du pain de singe, le fruit du baobab.
3. Ataya : appellation du thé au Sénégal. Thé à la menthe très sucré, servi en trois fois.

Mariée très jeune à un homme toujours absent, Ndeye Fatou a mis près de 30 ans à obtenir le divorce.

Louga, Sénégal, 2015.

« J'étais belle à l'époque, tellement belle. Il m'a vu une fois et a dit à mon frère qu'il voulait m'épouser. J'avais vingt ans. J'étais inquiète car je n'étais pas certaine de vouloir me marier à un émigré. J'avais peur d'être seule tout le temps. Dans ce cas, tu n'as pas d'intimité avec ton mari, tu le connais mal. Mais bon, à l'époque on ne connaissait pas les réalités de la migration. On ne voyait que l'argent. A chaque fois qu'il venait me voir il amenait des cadeaux, de l'argent à ma mère, mes sœurs, mes frères, du gaz, la somme pour la dépense quotidienne[4].

Au début, ça allait plutôt bien. Il n'a quitté le pays qu'un an après notre mariage, juste après mon premier accouchement. Il est revenu deux ans après, j'ai pris ma deuxième grossesse. Il est resté jusqu'à la naissance puis il est reparti, encore deux ans. Il restait ici pendant les grossesses, il s'occupait de tout, il prenait tout en charge. Il revenait exprès pour qu'on fasse d'autres enfants et pour suivre les grossesses. Quand il était là on vivait sur l'argent qu'il avait gagné à l'extérieur[5].

Quand il est revenu pour m'enceinter[6] de notre dernier enfant, il a construit une maison. Il voulait que je vienne y habiter avec lui le temps de la grossesse mais sans mes parents, avec qui je vivais à l'époque. J'ai refusé de partir sans eux et, de toute façon, il était hors de question pour mes parents de quitter leur maison familiale. Il m'a menacée de ne pas revenir avant très longtemps. C'est à partir de là que les problèmes ont commencé... Un jour qu'il était encore à Louga, je suis allée dans cette maison et je l'ai vu avec une autre femme, qui était enceinte. J'étais tellement fâchée, tellement en colère. Je suis partie précipitamment. Il m'a rejoint et m'a dit que comme je ne voulais pas habiter avec lui, il fallait bien qu'il prenne une autre femme pour le ménage et lui préparer à manger. Mais je sais que ce n'est pas vrai, s'il avait juste besoin d'une bonne il n'allait pas l'enceinter !

---

4. La dépense quotidienne : expression utilisée pour évaluer le montant nécessaire chaque jour pour payer la nourriture, les factures et le loyer.
5. Extérieur : synonyme ici de pays étranger.
6. Enceinter : se dit d'un homme qui a mis une femme enceinte.

Il est reparti puis est rentré cinq ans après. Les problèmes ont continué. Lui c'est un aventurier, il bouge tout le temps. Il a travaillé au Maroc, en Italie, en Libye, en Côte d'Ivoire, au Bénin, au Burkina Faso.

C'était difficile de l'avoir au téléphone, de savoir où il était. La fois d'après, il n'est pas revenu pendant dix ans ! Quand il est arrivé à Dakar, il ne m'a pas appelé, il a téléphoné à un de nos trois fils. C'est lui qui m'a prévenue. J'ai directement sauté sur l'occasion pour aller le voir avec ma famille, pour demander le divorce.

Tu te rends compte ? S'il n'avait pas appelé mon fils je n'aurai jamais su qu'il était à Dakar ? Alors que ça faisait dix ans qu'il était absent ?

Et puis j'ai su. J'ai su que pendant ces dix ans il est revenu plusieurs fois. Il n'avait jamais appelé pendant ces dix ans, jamais envoyé d'argent. Je ne savais pas s'il était mort ou vivant, et franchement, je n'ai pas cherché à savoir.

Je voulais juste le voir pour demander le divorce. Je voulais le faire avant mais comment procéder si je ne le vois pas ? Si je ne sais pas où il est ? Ici seuls les hommes peuvent dire que c'est fini.

La femme n'a pas son mot à dire. Au début, il a refusé. Sa mère criait, pleurait. Il avait honte d'avoir une femme qui demande le divorce. Il s'est trouvé plein d'excuses, mais j'étais décidée. Ma famille m'a dit d'accepter son repentir mais je n'ai pas voulu. C'est moi seule qui ait subit les conséquences de ce mariage. Je ne lui pardonne pas. Finalement, il a accepté. J'étais vraiment soulagée. Aujourd'hui, c'est terminé, je ne veux plus entendre parler des hommes. Après autant de temps il ne pouvait même pas reconnaître ses enfants et attendaient d'eux qu'ils lui donnent de l'attention ! Il n'a jamais rien payé pour leur santé, leur éducation, leur nourriture. C'est grâce à mon travail et à mes parents qu'on a pu vivre plus ou moins correctement. Maintenant je ne suis plus du tout stressée. Il n'a été qu'un problème dans toute ma vie. J'ai gaspillé trop de temps, aujourd'hui je suis vieille, j'ai passé toute ma vie à l'attendre. Vraiment, la femme est toujours la perdante. »

Mariam

« Je suis tombée enceinte d'un autre pour que mon mari me répudie »

Il aura été particulièrement difficile de rencontrer Mariam (pseudonyme). C'est un de ses amis, Djibi, qui a fini par la convaincre, après plusieurs jours de discussions. Mariam a accepté de témoigner mais craignait sa belle-famille et les qu'en-dira-t-on. Son nouveau mari l'a appris, lui a interdit de raconter son histoire puis a demandé de l'argent à Djibi pour l'autoriser à nous voir. Ce dernier a refusé.

Finalement, alors que Mariam sortait de la maison familiale avec son fils de cinq ans pour se rendre à la boutique, Djibi lui a demandé si elle pouvait nous accorder un peu de temps. Nous avons donc pu discuter un peu avec elle, son absence ne paraissant pas suspecte. Mariam nous a parlé en face de chez elle, dans la chambre que Djibi loue quand il vient à Louga (il travaille entre Dakar et Louga). C'est une simple pièce carrelée, couverte de poussière. Les murs sont peints en vert pomme laqué. Un matelas une place est posé au sol. Ronde, son petit garçon contre ses genoux, elle déroule à voix basse sa vie de femme mariée à un émigré. A la fois soulagée de pouvoir se confier, mais angoissée par le temps qui passe et donc par les remontrances qu'elle pourrait subir à son retour. Elle parle en wolof, la langue la plus parlée au Sénégal. Mariam n'a confiance qu'en Djibi pour la traduction, car elle sait qu'il n'ira pas dévoiler ses confessions à tout le quartier et qu'il ne dira pas qu'elle a été interviewée par des journalistes. Mariam a été mariée contre son gré à dix-huit ans à un émigré. Après plusieurs années de combats, elle a réussi à avoir la vie qu'elle voulait.

« Je ne voulais pas épouser cet homme. Il avait alors trente-deux ans et habitait en Espagne. J'avais déjà un copain, que j'aimais, avec qui je suis désormais et qui est le père de mon enfant. Ma famille m'a obligée à me marier avec « l'Espagnol » à cause de l'argent. A cette époque, il gagnait pas mal, c'est ce qui a motivé mes parents. Mon copain était vraiment triste et fâché. Il m'aimait, on s'aimait. Je n'ai jamais eu de plaisir dans ce mariage. J'ai essayé de dire non mais la pression familiale a été plus forte que ma volonté. Même mariée à l'autre homme, mon petit ami continuait de m'appeler. On se voyait en cachette, il fallait ruser mais ce n'était pas si compliqué car le modou-modou est reparti en Espagne trois mois après notre mariage.

J'ai d'abord habité dans ma belle-famille[1] mais comme cela se passait mal je suis retournée vivre chez mes parents. Là c'était plus facile de se soustraire à la surveillance de mes beaux-parents, beaux-frères et belles-sœurs. Je le retrouvais chez lui. Je me fichais des conséquences de cette liaison hors mariage car je l'aimais trop.

Mon mari modou-modou est revenu deux fois en trois ans. J'en avais trop marre de cette situation et un jour je suis tombée enceinte de mon copain. Je l'ai fait exprès pour que mon mari me répudie et que je sois enfin libre. Mais il n'a pas voulu divorcer, sans doute pour me punir. Tant qu'il ne me répudiait pas je ne pouvais pas me remarier, être enfin avec mon copain et le père de mon enfant. Finalement mes beaux-parents ont su pour l'adultère et le bébé. Ils n'ont plus voulu de moi comme belle-fille.

Dans les faits, je n'ai pas divorcé de mon mari mais c'est tout comme. Je me suis remariée avec mon copain. Ce qui va poser problème, c'est quand mon premier mari va rentrer à Louga, ça me fait un peu peur, je crains sa réaction. Mais bon, ça fait cinq ans qu'il n'est pas revenu au Sénégal, alors.... »

Note de l'auteure : Mariam a refusé d'être photographiée.

---

1. Belle-famille : une fois mariée, la femme va habiter chez sa belle-famille, que le mari soit là ou non. C'est particulièrement vrai pour les épouses d'émigrés et plus encore dans les zones rurales.

Awa

« Un mariage d'amour »

J'ai rencontré Awa une première fois en 2010, son mari travaillait encore en Europe. Mère de deux enfants aujourd'hui âgés de neuf et de quatre ans, elle s'était confiée avec tristesse. Son époux lui manquait terriblement, la vie de famille aussi. Les coups de fils quotidiens et l'envoi de photographies racontant le quotidien rendaient cependant la distance plus supportable.

Je l'ai revue une deuxième fois en 2015. Cette jeune femme élégante, grande, digne, au regard doux mais déterminé, accueille toujours dans le salon familial, sur des canapés en cuir beige. Mais cette fois tout a changé. Son mari s'est réinstallé à Louga. Pour de bon. Il a refusé de témoigner, de parler de sa vie en Europe, de ses sentiments face à l'éloignement, de son retour. Il a cependant bu le thé avec nous, s'occupant de ses enfants et écoutant sa femme. Dans la maison, l'atmosphère était différente. Plus de légèreté sans doute.

Ce couple s'est marié par amour. A Louga, les mariages entre femmes et émigrés sont majoritairement économiques.

« J'ai rencontré mon mari via des amis communs. On s'est retrouvés dans la même voiture pour se rendre pendant quelques jours à Dakar. Celui qui conduisait avait plus de deux heures de retard, ça m'a énervée. Il a vu ma tête et a directement su que j'étais fâchée, ça m'a plu. A Dakar, on est sortis tous ensemble plusieurs fois à la discothèque Le Thiossane, la

Awa a toujours su que son mari reviendrait.

Louga, Sénégal, 2015.

boîte de Youssou Ndour. Notre histoire a commencé comme ça, et puis nous sommes tombés amoureux.

Au début je ne savais pas qu'il travaillait en Europe, il ne voulait pas me le dire. Il a bien fait parce qu'à l'époque, hors de question que j'épouse un émigré. Vivre une relation amoureuse et construire une famille à distance, c'est terrible. Beaucoup d'émigrés venaient me courtiser, je les ai tous rejetés. Un jour l'un d'entre eux est venu à la maison, il a voulu me donner de l'argent, j'ai refusé. Il a laissé les billets par terre, c'est mon frère qui les a récupérés ! Je détestais les modou-modou, leur comportement. Ils se disent tous « j'ai de l'argent, je peux avoir toutes les belles femmes que je veux ».

Ce qui m'a plu chez mon mari c'est sa simplicité, sa sincérité. Il m'a toujours dit, si tu viens chez moi, sache que je n'ai rien, seulement un matelas dans ma chambre. Pour payer la dot à ta famille je n'ai que 50 000 francs CFA (76 euros). Je n'avais pas de problèmes avec ça. L'essentiel étant qu'on pouvait construire quelque chose ensemble.

Deux mois après notre rencontre il est retourné en Italie. Nous nous sommes ensuite mariés, à distance. Il est revenu à Louga deux ans plus tard. Il est resté deux mois, où il m'a laissé avec une grossesse mais j'ai perdu le bébé à la naissance. C'était tellement dur de vivre ça seule. Je n'arrive pas à raconter cette histoire, désolée... C'était en 2002 et c'est cette année là que j'ai commencé à travailler pour une ONG (Organisation Non Gouvernementale). Cela m'évitait de trop penser. Nous sommes restés soudés malgré cette tragédie. Comme toujours, on se téléphonait souvent. Pendant quatre ans nous avons vécu notre relation de couple comme ça. En 2006 j'ai eu un visa de touriste pour l'Espagne. Nous avons passé un mois ensemble. J'en garde des souvenirs inoubliables.

Puis je suis rentrée à Louga. La question s'est posée de savoir si je ne pouvais pas profiter de ce visa de touriste pour rester avec lui. Mais j'avais un bon travail au Sénégal. En Europe la vie est difficile et je suis une personne de parole. Mon chef avait facilité les démarches pour l'obtention de mon visa, je voulais respecter mon engagement. Je suis rentrée avec une grossesse. Quand notre garçon est né, je lui envoyais régulièrement des photos. Lui appelait chaque soir pour entendre les cris de notre bébé. Il avait tellement envie de rentrer mais c'était impossible, ses papiers n'étaient pas en règle, il ne pouvait pas prendre le risque de rester coincé au Sénégal.

Il est revenu trois ans plus tard, mais avec de faux papiers. Il s'en est rendu compte au moment de repartir. La question s'est alors posée de savoir s'il prenait le risque de quitter le Sénégal, avec toutes les conséquences que cela pose quand tu t'en vas illégalement, ou s'il restait. Lui n'était pas revenu au pays depuis dix ans... Cela faisait longtemps qu'il voulait se réinstaller ici mais c'est moi qui lui disais de patienter, qu'il fallait attendre qu'il ait ses papiers. Là, il avait la possibilité de repartir illégalement, via les pirogues, mais il ne voulait pas.

Evidemment, l'installation n'a pas été simple. D'abord, il a fallu créer une relation avec son fils de trois ans, qu'il n'avait jamais vu. Notre garçon pensait à son père comme un rival, qui lui volait sa place. Quand mon mari partait quelques jours mon fils me disait que ce serait bien qu'il retourne en Espagne et qu'il nous laisse tranquilles. Il me demandait aussi de préparer les bagages de son père. Les choses se sont apaisées petit à petit. Son père a gagné sa confiance, en douceur. Maintenant, je te jure, ils complotent ensemble des histoires contre moi !

Ensuite, il a fallu qu'on se réadapte en tant que couple. Après tant de temps passé séparés, c'était difficile de réapprendre à vivre ensemble. Du coup quand il est sur les nerfs, j'ai pris l'option de ne rien dire, de laisser passer. Il y a eu des moments compliqués, surtout quand je ne travaillais pas. On restait une bonne partie de la journée ensemble à la maison. C'est difficile quand tu es habituée à être seule. L'idéal c'est d'être ensemble et de temps en temps être séparés, mais pas plus d'un mois. Evidemment je préfère notre situation actuelle. En dix ans loin l'un de l'autre, tu imagines tout ce que nous aurions pu faire, combien d'enfants nous aurions pu avoir ? L'argent c'est important pour bien vivre mais ce n'est pas l'essentiel.

Lui aussi a eu du mal à se réadapter au pays. Déjà, il trouve que les gens sont trop hypocrites et puis il a fallu trouver un travail, des projets. Lorsqu'il était en Espagne et en Italie on a pu investir ici, acheter un terrain. On y pratique le maraîchage, on a planté des arbres fruitiers. Il a donc commencé à travailler avec des employés. Ce n'était pas facile, on a eu des problèmes de machines et les employés n'étaient pas sérieux. La récolte n'a pas été terrible, on était découragés. Il a insisté, c'est un travailleur. La seconde récolte était meilleure. C'est la vie, il y a des hauts et des bas. Heureusement nous avons pu construire une maison à Dakar, on la loue donc ça fait des rentrées d'argent.

Aujourd'hui j'ai commencé un petit commerce. Je vends des beignets, des samoussas. Hors de question pour moi de rester inactive. Avec le recul, j'aurais souhaité qu'il rentre à Louga plus tôt, quand je travaillais encore en ONG. Mais c'est dur de prendre une telle décision, de se projeter, surtout qu'à l'époque c'était encore les belles années en Europe ».

CHAPITRE II
Abidjan, Côte d'Ivoire

Après Louga, Abidjan, la capitale économique ivoirienne. Deux endroits totalement différents, et c'est pour cela que nous les avons choisis. L'une petite ville rurale sénégalaise, où la majorité des femmes mariées à des émigrés a arrêté tôt l'école et où la pression de la famille et de la société reste forte. L'autre, mégalopole moderne et dynamique. Ici, à Abidjan, nous avons pu rencontrer des Ivoiriennes de la classe moyenne, indépendantes financièrement, souvent plus libérées, parfois détachées du poids de leur entourage. Ici, les épouses d'émigrés peuvent notamment discuter de leur vie sur le réseau social Facebook. Tout peut y être dit, sans enjoliver la réalité. On y parle de sexe, de tromperies et du poids de la solitude.

Internet pour se confier « quand les sorties entre copines mariées sont encore mal vues par la belle-famille », explique Marie-Laure Dagault, initiatrice de cette page Facebook et fondatrice de Tosseta, un club qui réunit les femmes entrepreneures.

« Je suis une militante de la libéralisation de la femme. Sur les réseaux sociaux ou dans la vraie vie, je dis à une femme qui n'a pas vu son mari depuis deux-trois ans de le laisser tomber. C'est ridicule d'attendre un homme autant de temps sans savoir de quoi votre avenir sera fait. Surtout que pour beaucoup ce n'est pas une histoire d'argent. Ici, les femmes urbaines sont de plus en plus insérées dans le milieu professionnel », ajoute cette publicitaire stylée.

En Côte d'Ivoire, un rapport plus souple au mariage permet aussi aux citadines d'échapper à l'exigence d'une union.

« Ici les gens acceptent davantage une femme seule avec un ou deux enfants que dans les sociétés à domination musulmane, comme c'est le cas au Sénégal. Le mariage n'est pas considéré comme l'honneur suprême de la famille », précise Rodrigue Koné, sociologue ivoirien.

C'est le cas de Marie (pseudonyme), deux enfants en bas âge, un job dans la communication et un benguiste[1] qui tente de l'épouser depuis deux ans, sans succès. Sa famille ne lui impose pas de se marier. « Pour me séduire il raconte qu'il a un logement en France, qu'il a de gros moyens financiers, qu'ensemble on peut monter un business ici. Je suis lucide, je vois bien que ce ne sont que des promesses. Jusqu'à aujourd'hui il ne m'a rien montré de concret. Je pense qu'il s'accroche à moi parce qu'en fait en Europe il n'a pas de travail et pas d'économies.

Si je deviens sa femme je devrai l'héberger, tout payer pour lui, il profitera de mon argent durement gagné. Il y en a pas mal ici des benguistes qui cherchent des femmes pour les entretenir », raconte Marie. Ces hommes, les Ivoiriennes les surnomment les VI, pour vendeurs d'illusions.

L'aspect économique, tout comme le prestige social, reste cependant attrayant. Aux yeux des autres c'est toujours bien vu de pouvoir dire « je suis avec un Benguiste ». « La société ivoirienne est tournée vers un modèle extérieur. Il y a un attachement quasi obsessionnel à tout ce qui vient de l'Occident. Cela vient de la colonisation et de la forte présence, encore maintenant, de la France dans le pays », explique Rodrigue Koné. L'idée selon laquelle un(e) émigré(e) serait forcément riche tient toujours. A Abidjan, on dit encore : « En France elle tresse[2] seulement et regarde l'immeuble qu'elle s'est fait construire ici ».

---

1. Benguiste : qui vient de Bengué, c'est à dire d'Europe. Un benguiste est un Ivoirien, ou une Ivoirienne, qui vit en Europe.
2. Tresse : faire des tresses, travailler dans un salon de coiffure afro.

À Abidjan, la bouillonnante capitale de Côte d'Ivoire, un séjour à Paris est souvent vu comme une escale obligatoire dans l'itinéraire de la réussite sociale.

Abidjan, Côte d'Ivoire, 2015.

Chaque jour, le fils de Fatou (pseudonyme), qui a presque trois ans, demande à sa mère quand son père va revenir. Il pose aussi la question dès qu'il voit passer un avion dans le ciel. Il n'a pas vu son père depuis un an.

Abidjan, Côte d'Ivoire, 2015.

Fanta

« Je lui ai donné toutes mes économies »

Biétry est un quartier riche d'Abidjan mais au détour de rues défoncées on trouve toujours un maquis ou une cave[3], même sur quelques mètres carrés. Ici, il y a trois tables basses en bois où sont clouées des nappes en plastique publicitaires Solibra[4]. Autour, des chaises de jardin. Au sol, du carrelage, et des barrières peintes en couleur vives pour délimiter l'endroit. Affichés sur un mur crasseux, les prix des boissons. Bière Grand Castel, 500 francs CFA. Cody, 500 francs CFA. Sucrés, 250 francs CFA. Bouteilles de vin. Fanta, trente-cinq ans, y est serveuse. Avant cela, elle était vendeuse dans une boutique de vêtements, qui a fermé.

C'est un chauffeur de taxi, avec qui nous discutions des épouses d'émigrés, qui nous a proposé de rencontrer son amie. Nous l'avons d'abord vue dans un salon de coiffure de la ville. Longs cheveux tressés, salopette en jean, elle aide parfois ses copines.

« Avec mon mari nous nous sommes rencontrés à l'église. J'avais vingt cinq ans, lui dix de plus. A cette époque je faisais du commerce entre Bouaké[5] et Abidjan. Lui était chômeur mais comme il est croyant, je me suis dit qu'il devait être de bonne moralité.

---

3. Cave : signifie cave à vin. Bar, souvent en extérieur, on l'on sert essentiellement du vin.
4. Solibra : la très populaire brasserie ivoirienne.
5. Bouaké : une des plus grandes villes de Côte d'Ivoire, située au centre du pays.

Le « Benguiste » de Fanta a pris son argent et l'a laissée avec ses regrets.

Abidjan, Côte d'Ivoire, 2015.

On sortait ensemble et j'assurais toutes ses dépenses. Puis nous avons habité tous les deux dans une maison que je louais. Il ne cherchait pas de travail, il disait que son activité c'était de prier pour les gens. Je me disais qu'avec le temps il allait trouver quelque chose à faire. Deux ans après il m'a dotée[6]. Nous nous sommes mariés traditionnellement puis nous avons organisé des fiançailles à l'église. Deux ans plus tard il m'a dit vouloir partir à Londres, car il priait pour une dame là-bas. Il est parti sans prévenir. Il m'a menti en disant qu'il allait voir mes parents alors qu'il allait à l'aéroport ! Six mois plus tard il revient à Abidjan. Je lui donne 800 000 francs CFA (1 220 euros). Cette somme représente presque toutes mes économies. Mais voilà, je l'aime. Je fais ça pour qu'il ne soit pas dans la merde quand il sera de retour à Londres. Je me dis aussi qu'il trouvera peut-être du travail là-bas pour me rembourser et m'envoyer à son tour de l'argent. A nous, les femmes, on nous répète : « Ne t'inquiète pas, si tu es mariée à un émigré, tôt ou tard il viendra te chercher. Aie patience ». Il m'appelait deux fois par mois, m'envoyait 50 000 francs CFA (76 euros) par mois pendant deux ans. Il disait travailler comme vigile. Sans mes économies je devais me battre pour vivre, pour payer le loyer, les factures.

Et puis il y a la famille, les amis, qui viennent soudainement te demander de l'argent. Tous pensent que si tu es à l'étranger tu es forcément riche. Les parents ne te croient pas quand tu leur racontes la vérité sur la vie en Europe.

En plus je travaille, donc pour eux c'était clair que je ne devais pas avoir de problèmes d'argent. Or quand mon mari est parti j'ai dû travailler deux fois plus pour assurer les dépenses des autres. Ensuite, plus de nouvelles pendant cinq ans. Il n'envoyait plus d'argent. Les gens m'ont dit d'arrêter d'avoir de l'espoir. Il a changé de numéro de téléphone. Ça m'a fait très mal. Finalement, j'ai su par mon entourage qu'il

---

6. Doter une femme : signifie la demander en mariage auprès de sa famille. Pour montrer sa sincérité le futur époux doit donner de l'argent et des cadeaux à sa belle-famille.

s'était marié. Lui m'a toujours assuré que c'était faux, mais cette femme m'a téléphoné pour me dire que c'était la vérité. J'ai quand même eu des doutes. Pourquoi devrais-je la croire ? S'il m'avait expliqué son mariage avant de partir je l'aurais compris. Je pouvais comprendre que c'était juste pour les papiers, si ça lui permettait d'avoir un travail. Mais là, non. Il m'a menti tout ce temps. Quand je l'ai su j'ai pleuré toute la nuit. Il est revenu deux ans après, mais j'avais pris ma décision depuis longtemps. Je voulais me séparer de lui. Le problème c'est que pour annuler un mariage traditionnel Baoulé[7] il faut que l'homme revienne. C'est toujours l'homme qui décide. Heureusement, j'ai quand même réussi à rompre les fiançailles à l'église.

Toute cette histoire, c'était mon erreur. Aujourd'hui je n'ai plus confiance dans les hommes. Le mariage, c'est terminé. Je sais qu'il est revenu en 2014. Je n'ai pas cherché à le voir, j'étais encore tellement en colère. J'ai donné tout ce qu'il m'a offert. J'ai vendu ses habits, jeté l'alliance, déchiré les photos du mariage. Tout cela arrive malheureusement souvent. Nous les femmes ivoiriennes on rêve trop, on a toujours de l'espoir, malgré tout ce qui se passe, tout ce que l'on voit, tout ce que l'on sait. En Europe tu peux être vendeur de fruits, homme de ménage et pourtant tu gagnes correctement ta vie. Alors on se dit : « Peut-être qu'avec notre homme ce sera différent ? Comment savoir si on n'essaye pas ? ». Avec les années j'ai remarqué que les filles ne considèrent plus les benguistes de la même manière. Il y a trop de tromperies, de mensonges.

Avant, la fille pouvait tout lâcher pour un benguiste. Maintenant ce n'est plus le cas. En plus il y a plein de mecs à l'aise financièrement ici à Abidjan. Alors pourquoi aller chercher des problèmes ? ».

---

7. Baoulé : une des ethnies de Côte d'Ivoire. Le pays en compte soixante.

Danielle

« Quand tu es une femme, demander le divorce, c'est être considérée comme capricieuse »

Danielle entre dans le maquis¹ et les hommes posent leurs bouteilles de bières. Ils dévisagent cette belle femme aux formes arrondies, moulées dans une robe longue rose flashy. De faux ongles vernis en rouge, une perruque afro, des boucles d'oreilles dorées pendent jusque sur son cou.
 On commande des sucrés². Le serveur et le patron lui glissent des compliments, ça n'a pas l'air de la surprendre. A peine leur rend-elle un regard. Danielle a trente-quatre ans, travaille dans la communication et est mariée à un benguiste. Fatiguée des mensonges et des promesses de son époux, Danielle a demandé le divorce. Son mari refuse mais elle ne désespère pas de l'obtenir. Pas question d'attendre indéfiniment, alors Danielle reprend doucement sa vie en main.

« Mon mari est en France depuis quatre ans, et je ne l'ai pas revu une seule fois. Il envoie de l'argent via son père, car la communication entre nous est rompue. Cet argent sert à mes filles. Nous nous sommes mariés quand j'avais dix huit ans.

---
1. Maquis : restaurant et bar, souvent dehors. Très populaires, il y en a dans toutes les rues de Côte d'Ivoire.
2. Sucrés : terme qui désigne les sodas.

Danielle (pseudonyme), trente-quatre ans, n'était pas vraiment favorable à l'idée que son mari aille vivre à l'étranger. Mariée à 18 ans à un médecin qui gagnait plutôt bien sa vie, elle s'est laissée convaincre quand il lui a expliqué qu'il aurait de meilleurs revenus en exerçant ailleurs, et que c'était « pour mettre les enfants de bonnes écoles ».

Abidjan, Côte d'Ivoire, 2015.

Avec le recul je me dis que j'étais trop jeune. Nos enfants ont seize et dix ans. Je ne leur ai pas dit que j'ai demandé le divorce.

Elles savent juste que leur père est allé se chercher[3] à l'étranger. Eux s'appellent. Mes filles me demandent tout le temps quand il va revenir car il ne répond pas à leurs questions. Il a juste promis à l'aînée qu'il la ferait venir en France pour ses études supérieures. Ma famille m'en veut d'avoir demandé le divorce. C'est quand même fou ! On me dit mais tu ne peux pas divorcer, vous avez trop duré ensemble. Il n'y a que ma grande sœur qui m'encourage. Au tribunal, quand la femme demande le divorce on la voit comme une capricieuse, qui n'a pas la patience d'attendre son mari. On te juge : lui est parti pour te donner une vie meilleure en essayant de gagner plus d'argent et toi tu l'attaques ? Dans ma situation c'est pire. Comme il envoie de l'argent à nos filles, on me dit « Mais de quoi tu te plains ? ». Alors soit je vais au tribunal avec les preuves qu'il a une autre famille, soit on dépose ensemble une demande mais je ne sais même pas quand il va revenir ! En attendant, je dois faire attention avec mon petit ami parce que si ça se sait, j'ai peur qu'on m'arrache mes enfants, qu'ils se retrouvent loin de moi, en France. Heureusement, mon copain a compris ma situation. Il accepte que nous restions discrets. Je ne culpabilise pas de voir un autre homme, j'ai trop attendu. Je veux sortir de cette histoire la tête haute. Je dois gérer deux enfants toute seule, un divorce qu'on ne veut pas m'accorder et mon travail. J'ai stoppé ma vie pour cette relation et lui ? Rien.

Cette histoire de partir à l'étranger... Ici, à Abidjan il était chirurgien. Au départ, je n'étais pas d'accord pour qu'il parte, puis je l'ai soutenu car ici le salaire est trop bas. Nous voulions juste une vie meilleure. L'objectif était de faire venir la famille une fois qu'il serait installé.

Il a commencé par partir au Sénégal, on lui avait confié une mission. Mes amies ont su qu'il fréquentait une femme,

---

3. Aller se chercher : expression qui signifie partir à l'étranger avec pour objectif de trouver un bon travail et avoir ainsi une vie meilleure.

rencontrée dans ce pays. Il a même eu un enfant avec elle. Il me jurait qu'il ne m'avait pas abandonnée. Il a toujours nié. Pendant deux-trois mois on ne s'est plus appelé.

Il était hors de question que j'accepte cette situation donc j'ai demandé le divorce. Divorce qu'il n'a pas voulu m'accorder. Sa mère est venue me voir pour régler tout ça. Et puis fin 2014, j'ai reçu des photos de son autre fille, qui a deux ans. Dès que j'ai eu cette preuve qu'il avait un autre enfant j'ai dis stop, je ne le considère plus comme mon mari. J'aurai pu comprendre l'infidélité, ce sont des hommes... Mais là un truc comme ça, un enfant ailleurs. Je n'excuse pas son comportement. Je l'ai appelé, il m'a dit qu'il allait revenir et que l'on discuterait de tout ça de vive voix. Je ne le crois absolument pas.

D'ailleurs cela fait quatre ans et il n'est toujours pas revenu. Je veux juste savoir la vérité, après tout ce temps ! De Dakar, il est parti directement en France. Si ça marche à Dakar, pourquoi aller ailleurs ? Nous ne sommes pas non plus dans la misère. Le problème de la femme africaine, c'est de trop accepter et trop attendre. Elles espèrent et pourtant souvent elles savent que ce qu'on leur fait miroiter est faux. Et après, quand tu as des enfants, tout devient plus compliqué pour se sortir de ces histoires. J'ai retiré mon alliance l'année dernière, elle est rangée dans un tiroir ».

Kady

« Pendant des années je n'ai pas su s'il était vivant ou mort »

Là encore, la rencontre s'organise dans le maquis d'une banlieue populaire d'Abidjan. Il y a un jardin, coincé entre deux voies bruyantes. On s'assoit autour d'une table en plastique rouge, siglée Coca-Cola. Les clients peuvent s'installer sous les palmiers, loin les uns des autres, pour que chacun puisse discuter discrètement.

Kady parle avec douceur mais on sent régulièrement monter colère et lassitude, qu'elle parvient à maîtriser. Aide-soignante, cette jeune femme de trente- cinq ans fait aussi du petit commerce, pour joindre les deux bouts. C'est une cousine qui lui a présenté son mari, il y a dix ans.

« Il parlait souvent de quitter la Côte d'Ivoire car il ne s'épanouissait pas dans l'entreprise familiale. S'il pouvait être heureux dans l'exil, alors pourquoi pas ? A l'époque, je ne pensais pas le rejoindre car j'étudiais encore. Il est parti en 2010, pour la Turquie. Il avait obtenu un visa pour ce pays. A Istanbul, il m'a appelée quelquefois, pour me rassurer sur son voyage. Un jour, il me prévient qu'il part en Italie. Depuis, je n'ai plus eu aucune nouvelle. J'ai vraiment eu peur qu'il lui soit arrivé quelque chose sur le chemin vers l'Italie. Pendant un an, je n'ai pas arrêté d'essayer de le retrouver. J'ai appelé tout le monde, partout.

Kady (pseudonyme) ne demande qu'à tourner le dos au passé. Elle a de petites fossettes et des yeux qui rient quand elle parle de refaire sa vie et d'avoir d'autres enfants.

Abidjan, Côte d'Ivoire, 2015.

J'ai tellement pleuré. De tristesse car je le pensais mort. De colère car s'il est vivant, comment peut-il me laisser autant de temps sans nouvelles ? Récemment j'ai retrouvé un de ses amis à Abidjan. Il m'a dit qu'on a vu mon mari là-bas... Il était vraiment surpris qu'il ne m'ait pas téléphoné depuis toutes ces années, ou au moins qu'il n'ait pas tenté de me faire passer un message par des connaissances. Les Ivoiriens traînent souvent ensemble, il y a toujours quelqu'un qui rentre à Abidjan, ou quelqu'un pour prêter un téléphone, un peu d'argent pour utiliser une cabine téléphonique. J'ai essayé d'avoir son numéro mais personne n'a voulu me le donner, par solidarité masculine je suppose.

Désormais, je sais qu'il est vivant. Ça m'a rendu encore plus en colère ! En plus, quand il est parti, je pouvais moi aussi obtenir un visa. En demander un chacun était trop cher. Je lui ai donc laissé ma place. C'est moi qui ai financé son visa. Je lui ai donné un million de francs CFA (1655 euros). Je me sens tellement trahie. Aujourd'hui, même si notre mariage religieux n'est pas annulé, je ne me sens l'épouse de personne. Je voudrais quand même être totalement libérée. Comment faire si un jour je veux me remarier ? Ça va être compliqué. Il faudra que mes témoins parlent aux témoins de mon ex et que l'imam qui nous a mariés me libère. Dans ma vie quotidienne, ce n'est pas facile non plus. Je vis dans la maison familiale. Tous me reprochent mes choix, me vexent.

Pour eux, loger une femme de mon âge est une honte. Mes parents et les proches continuent de me demander la date de mon départ pour l'Italie. Ils savent que je n'ai plus de nouvelles depuis des années et pourtant leur regard est toujours envieux. Tout ce que je veux maintenant, c'est me mettre en ménage avec quelqu'un d'autre et avoir des enfants. Je dois m'occuper de moi. Après toutes ces années je me rends compte que je n'étais pas vraiment amoureuse de lui. Sinon, je serais morte de chagrin.

Fatou

« Je l'ai encouragé à partir en France »

Une grosse voiture électrique et une paire de chaussures en cuir, taille deux ans.

Fatou a sorti de sa chambre les derniers cadeaux que son conjoint a envoyé de France à leur fils. Lui court partout dans la modeste maison familiale, hurle pour que sa mère lui donne le bain, refuse d'obéir à sa nounou[1]. Comme beaucoup d'enfants nés de relations dans lesquelles le père a émigré en Europe, il ne le connaît pas vraiment. Ils se parlent au téléphone, se voient en photos, se manquent mais ne peuvent être ensemble.

Cela rend Fatou triste. A trente ans, au chômage, elle raconte une partie de sa vie dans la cour arrière de la maison, où sèche le linge. Dans la pièce principale, il y a trop de monde. Même s'ils regardent la télévision, elle ne veut pas que se tendent des oreilles indiscrètes.

« Nous nous sommes rencontrés en 2007. Un véritable coup de foudre. Nous avions cette certitude que nous finirions notre vie ensemble. Au début de notre relation, il parlait de quitter la Côte d'Ivoire pour l'Europe, mais sans convictions. Moi, j'avais cette envie, cette ambition d'aller en Europe.

---

1. Nounou : il ne s'agit en fait pas vraiment d'une nounou mais d'une bonne, comme les appellent les Ivoiriens (mais aussi les Sénégalais, les Burkinabés...). Une employée de maison, à la fois nounou, cuisinière et femme de ménage.

Quand Fatou (pseudonyme) rencontre son mari en 2007, elle tombe tout de suite amoureuse. Ils se sont promis de construire un avenir ensemble, en Europe. Il est donc parti le premier, en 2012.

Abidjan, Côte d'Ivoire, 2015.

Quand j'ai su, plus tard, qu'une partie de sa famille y habitait, j'ai pensé qu'il fallait saisir cette opportunité. Je voulais y aller pour avoir une vie meilleure, pour mieux m'occuper de la famille. C'est donc moi qui l'ai encouragé à partir, à y retourner quand il revenait à Abidjan. Je lui disais de se battre, de rester là-bas. Sa première année en France a été dure. Il trouvait la vie trop difficile, et, surtout, son visa expirait au bout d'un an.

Je devais aussi m'affirmer contre ma famille. Ma mère ne voulait pas accepter les colas[2] car elle savait qu'il allait partir et elle ne souhaitait pas une vie d'attente et de solitude pour sa fille. Elle me répétait : 'l'argent n'est pas tout. Pense au respect, à l'amour, la considération'. J'ai insisté, lui ai montré que j'aime cet homme. Elle a fini par nous donner sa bénédiction mais le mariage n'a pas encore été célébré, par manque d'argent.

Aujourd'hui, quand je l'appelle, je lui dis de revenir à Abidjan. Il me manque trop, il n'est pas revenu depuis un an. C'est lui maintenant qui m'oblige à être courageuse et patiente. Il me remotive à chaque fois. Je suis prête à attendre le temps qu'il faudra mais je sais que cette absence durera. Pour combler le vide, on est tous les jours en contact via Whatsapp et Viber[3]. Je lui envoie tout le temps des photos, lui aussi m'en transfère. Il ne ment pas, il dit que la vie est difficile là-bas. Les week-end sont les plus tristes, car je suis moins occupée donc je cogite plus. Pour résister à son absence je vais prier tous les jours, ça m'aide à supporter. Le petit demande tous les jours où est son papa. Son père veut tellement être avec lui... Il s'en veut de ne pas le voir grandir. C'est surtout pour ma mère que je veux me battre. Je veux lui redonner le sourire, pouvoir l'aider financièrement.J'ai beaucoup d'espoir, je veux qu'elle puisse être fière de moi, car la pression de l'entourage est

---

2. Colas : il est dans la tradition en Afrique de l'Ouest de demander une femme en mariage en offrant des noix de colas à sa famille.
3. Whatsapp et Viber : réseaux de messagerie sur Internet, disponible sur les téléphones portables et les tablettes.

terrible. Tout le monde croit que je reçois beaucoup d'argent de France. Je dois montrer à ma mère les sommes que mon conjoint envoie pour lui prouver que je ne suis pas riche. Cet argent ne sert qu'à payer les dépenses de notre fils.

Il me promet qu'il fait tout pour que notre garçon et moi le rejoignons. Je ne sais pas si ce qu'il dit est vrai, je ne sais même pas quel métier il exerce. Je crois qu'il travaille dans les transports, livreur il me semble. Mais il est très amoureux, ça je le sais. Tout le monde me le dit. Il ne m'a pas expliqué quels papiers sont nécessaires pour établir un dossier de demande de visa. Comme nous ne sommes pas mariés, ça complique tout. J'espère, avec l'aide de Dieu, que nous aurons les documents d'ici la fin de l'année. Tout ça ne m'empêche pas de continuer de rêver à l'Europe. Avec ma formation en puériculture, je pense pouvoir travailler en France dans une crèche ou une garderie ».

CHAPITRE III
Béguédo, Burkina Faso

Hilare et encore sidérée, Awa se rappelle ce moment, il y a quelques années, dans une agence de transfert d'argent. Le guichetier lui tend une enveloppe. À l'intérieur, 2500 francs CFA (3,80 euros). C'est son mari, parti à l'étranger, qui les lui a envoyés. « J'ai bien regardé au fond, il n'y avait pas d'autres billets. C'est la honte, même si je comprends très bien que, là-bas, il n'y a pas de boulot. »

Des désillusions comme celle d'Awa, les épouses d'émigrés de Béguédo, une petite ville du centre-est du Burkina-Faso, en ont toutes. Elles croyaient pourtant que s'unir à un émigré signifierait la fin de leurs problèmes financiers, dans cette région agricole et pauvre. C'est aussi le cas d'Alimata, vingt-quatre ans, mariée en 2008 à un homme qui vivait déjà en Italie. Coquette et toujours en forme, elle confie ses regrets. À côté, sa fille feuillette les photos de famille, enfin plutôt des photos de sa mère. Le mari n'est presque jamais sur les clichés. « Si j'avais su, je ne me serais jamais mariée avec lui, je ne le vois jamais. Mais quand tu es une fille, tu connais quoi de la vie ? J'aurais pu chercher un pauvre ici et on aurait fait notre vie tranquillement. J'aurais dû rester à l'école, j'aurais pu être fonctionnaire. »

Ces hommes, tant convoités, travaillent principalement en Italie, pays qu'ils ont atteint *via* la Côte d'Ivoire, destination principale des émigrés burkinabés de Béguédo. Là-bas, certains ont travaillé avec des entrepreneurs italiens, qui, dans les années 1970, leur ont proposé de les suivre en Italie. Puis, ces premiers burkinabés « Italiens » ont fait venir leurs proches, et la communauté s'est agrandie.

A Béguédo, l'argent de la migration est palpable, entretenant l'illusion de l'émigré fortuné. On le devine dans les maisons en dur au toit de tôle, qui remplacent les traditionnelles cases en banco. On le voit dans les trois banques de la petite ville et les nombreuses agences de transfert d'argent, des deux côtés de la rue principale. Ces émigrés reviennent surtout en août et en décembre, s'ils gagnent assez d'argent pour se payer un aller-retour et si leurs papiers sont en règle. Quand ils arrivent, c'est le show. « J'ai vu le préfet vouloir acheter du poisson pour 4 000 francs CFA (6 euros). Un migrant arrive et, sans négocier, le prend à 10 000 francs CFA (15 euros) ».

Ici, c'est le préfet qui est censé avoir le plus d'argent. L'anecdote est du sociologue burkinabé Mahamadou Zongo, spécialiste des migrations. « Quand les Italiens reviennent, les filles mettent des pommades pour avoir la peau plus claire. Apparemment ils aiment ça. Elles se coiffent, s'habillent et se maquillent bien », mime Alimata en gloussant. Comme beaucoup d'épouses d'émigrés, elle a rencontré son mari au marché, haut lieu de drague.

« Il m'a trouvé belle, je l'ai trouvé beau. Dix jours plus tard on se mariait. Trois semaines après il retournait en Italie », se souvient-elle. En six ans, elle ne l'a revu que trois fois. Deux enfants sont nés de ces visites.

A Béguédo, les mariages peuvent être conclus moins de trois semaines après la rencontre entre les futurs époux. Ces mariages express ont été surnommés « mariages Dubaï » par le professeur Zongo. « Dubaï est un lieu où les Burkinabés font des achats pour le commerce et reviennent aussitôt. L'idée, c'est la rapidité du voyage et sa dimension utilitaire. Avant, pour se marier, il fallait prouver qu'on pouvait s'occuper de sa femme. Là, très rapidement, vous avez votre épouse, un peu comme si vous l'aviez achetée au marché ». La cérémonie du mariage est belle. Le repas, copieux. Vêtements et bijoux brillent. Beaucoup d'argent est dépensé, quitte à s'endetter. Encore un élément qui entretient le mythe de la richesse des émigrés. Mais bientôt, le rêve s'évapore. Entres elles, les

Au Burkina Faso, la petite ville de Béguédo est parfois appelée 'Little Italy'. Au fil des années, des milliers d'hommes de l'ethnie Bissa, majoritaire dans cette région, ont migré. Le retour périodique des "Italiens" suscite l'engouement des jeunes filles.

Béguédo, Burkina Faso, 2015.

Alimata et Nématou Bara ont la vingtaine, et sont mariées à deux frères partis en Italie en 2005. Elles habitent donc la même concession, chez leurs beaux-parents. Les maris reviennent tous les deux ou trois ans. Les deux jeunes femmes se serrent les coudes pour élever leurs deux enfants, et se taquinent sans cesse sur leur condition, qu'elles espèrent provisoire.

Béguédo, Burkina Faso, 2015.

épouses en parlent peu. Qui voudrait avouer une vie contraire à celle vendue aux premiers instants ?

Pour parler de sa vie et de celles des femmes d'émigrés, une cultivatrice de Béguédo, Husseina Noni, a écrit une chanson : Les femmes des voyageurs. Cela raconte l'argent, mais aussi et surtout l'attente. Les difficultés à élever seules les enfants. L'infidélité et les répudiations, parfois sur un simple coup de fil. Cela raconte aussi le manque d'amour physique et les tentations. Rencontré sur un chantier, un ouvrier revenu au Burkina après quelques années en Europe, s'énerve quand on évoque la vie des épouses d'émigrés.

« Elles espèrent juste qu'on va ramener de l'argent, lâche-t-il. Elles savent très bien comment sera leur vie. A elles d'accepter la solitude qui va avec ».

Adeline, encore toute jeune, écoute tristement la chanson de la conteuse. Timide mais déterminée, hors de question pour elle de se laisser abattre. Elle n'attend plus grand-chose de son mari, épousé en 2012, et vend des pagnes et des bananes au marché. « Quand je gagne de l'argent, je le mets sur mon compte bancaire. Je ne l'ai dit à personne que j'ai ouvert un compte, même pas à mon mari. Ce n'est pas parce que ton mari est Italien que tu dois rester à la maison ».

Alimata, elle, vend du charbon depuis trois ans. « Avant, je n'avais même pas 200 francs CFA (30 centimes d'euros) pour acheter des spaghettis. Maintenant, ça va, mais c'est parceque je travaille ! » Elle a longtemps rêvé de rejoindre son mari en Italie. Une ambition aujourd'hui abandonnée. Son mari dit n'avoir pas gagné assez pour l'inviter. « Quand j'aurai assez d'argent avec mon charbon, je lui paierais un billet pour qu'il revienne. On fera mon commerce ensemble, ça vaudra mieux que son travail ». Un travail dont son mari ne lui a jamais dit en quoi il consistait.

Les parents aussi changent. Azara, institutrice dans une école primaire de Béguédo, en témoigne. « Avant, si un Italien venait demander la main d'une jeune fille – elles ont parfois tout juste 13 ans –, les parents acceptaient qu'elle abandonne l'école pour l'épouser. Maintenant, ils ont pris conscience que ce n'est pas bien. Ils voient à la télévision que les femmes sont émancipées. Le premier mari d'une femme, c'est son boulot »*.

* Article publié le 29 octobre 2015 sur le site Internet du Monde Afrique, sous le titre Burkina, malheureuses comme des épouses d'émigrés. http://www.lemonde.fr/afrique/article/2015/10/29/burkina-malheureuses-comme-des-epouses-d-emigres-en-*europe_4799045_3212.html*

Adiassa

« Je suis une épouse délaissée »

Dans la cour où est assise Adiassa, les années semblent ne pas défiler. Autour d'elle, quelques cases rondes en banco, entre le gris et le beige, aux toits en paille. Du linge sèche sur un mur, des bidons jaunes vides traînent sur le sol. Un gros canari[1] en terre cuite est posé à l'entrée de la maison, tout près d'un arbre desséché dont il ne reste que le tronc et les branches nues.

Il y a aussi une petite maison fabriquée en dur. Ce n'est pas celle d'Adiassa mais celle de sa co-épouse, la femme, qui selon elle, a accentué son malheur. Leur mari l'a construite pour la jeune mariée, partie le rejoindre en Italie. La porte en fer est bien cadenassée. Pas question pour Adiassa d'y entrer. Mariée depuis trente ans, dans un mariage polygame depuis six ans. A cinquante ans, Adiassa se trouve vieille, sans aucun avenir, et ne cesse de le répéter. Celle qui n'a plus de nouvelles de son mari l'a rencontré au marché.

A l'époque, il n'était pas encore parti en Italie et Adiassa refusait qu'il s'expatrie. Sa belle-famille, au contraire, le soutenait. Alors elle s'est tue. Ses deux filles d'une vingtaine d'années écoutent son histoire dont elles ne connaissent que des bribes.

---

1. Canari : gros pot où est remisée l'eau pour boire. La terre cuite permet de la garder au frais.

Adiassa dans la cour de sa maison, près de la chambre que son mari, absent pendant des années a construite pour sa deuxième épouse.

Béguédo, Burkina Faso, 2015.

« Je suis vieille, ma vie est déjà finie. Quand je me suis mariée, je vivais correctement avec mon mari. Puis il a épousé une deuxième femme, beaucoup plus jeune que moi, qui l'a rejoint en Italie. Là, tout a changé.

A l'époque, mon mari revenait tous les deux ans. Avant de se marier, il m'embrassait. Maintenant plus du tout, je n'ai plus de nouvelles, je ne le vois plus. J'essaye de l'appeler mais il ne répond pas. Les rares fois où il décroche c'est pour mal me parler, me menacer. Il me dit aussi qu'il n'a pas d'argent.

Aujourd'hui, c'est mon petit frère qui me soutient financièrement. Il s'occupe de moi, il est resté avec moi à la maison. C'est lui qui donne l'argent pour qu'on s'achète à manger. Je vends des haricots et du mil sur le marché, mais c'est difficile, ça rapporte peu.

Mon mari appelle régulièrement les enfants pour savoir si tout va bien. C'est uniquement comme ça que j'ai des nouvelles de lui. Il envoie de l'argent pour les enfants, par l'intermédiaire de son petit frère. Il ne transfère pas beaucoup, entre 25 000 et 50 000 francs CFA par an (de 38 à 76 euros).

Bien sûr, je n'ai pas voulu de cette co-épouse mais il m'a forcée à accepter. Que pouvais-je faire ? Il m'a dit : « Si tu n'es pas d'accord tu n'as qu'à partir. » Mon mari m'a lancé : « De toute façon tu es vieille. » Je ne suis restée que pour mes enfants. Si j'étais partie, mes enfants n'auraient pas pu venir avec moi. On les aurait obligés à rester dans ma belle-famille. C'est comme ça, mon époux n'aurait jamais accepté que je m'en aille avec les enfants, même si lui vit à l'étranger. Et puis j'ai déjà l'âge de la ménopause. Tu vieillis... Qui va te regarder ? Tu ne pourras pas te remarier. Ma famille aussi m'a dit de prendre mon mal en patience. Ils tentent de me rassurer en me disant que quand mes garçons réussiront en Italie, ils s'occuperont de moi. Ils ont seize et vingt ans, leur père les a fait venir. Le plus jeune va à l'école et l'autre ne trouve pas d'emploi. J'ai toujours pensé que mon mari m'enverrait avec lui en Italie, mais il ne l'a jamais fait. Je me rends compte que l'on a jamais eu de vraies discussions là-dessus. Je ne lui ai pas vraiment demandé et les rares fois où j'ai abordé le sujet, il ne m'a pas répondu. Moi, j'imaginais déjà l'Italie.

Je pensais que je parlerais italien. Je croyais qu'il gagnerait beaucoup d'argent, qu'on construirait une maison en dur avec un étage, qu'on mettrait tout le nécessaire dedans. Mais rien de tout cela ne s'est passé.

Ah, si j'avais su que cette relation se terminerait comme ça. Jamais je ne l'aurais attendu autant d'années. Je n'ai jamais parlé de tous ces problèmes à quelqu'un. Je ne veux pas faire d'histoires car l'important c'est que mes deux garçons soient bien en Italie et qu'ils aient du travail. Je dis à mes filles de se marier avec des hommes qui restent ici. Elles sont d'accord avec moi. Elles ont vu comment j'ai vécu, combien c'était difficile ».

Malika

« Une femme doit savoir se battre comme un homme »

Avec sa posture légèrement recroquevillée, les mains sagement posées sur ses cuisses et son regard porté vers le sol, Malika, foulard sur la tête, paraît réservée. Elle l'est. La jeune femme de vingt-deux ans ne parle pas très fort mais entendre les histoires d'autres épouses d'émigrés autour d'elle la fait se redresser et prendre confiance.

Nous la rencontrons dans le centre communal de la ville, là où ont lieu les fêtes et où nous avons rassemblé quelques femmes pour leur expliquer notre travail.

Malika n'a pas voulu que nous allions là où elle habite, c'est-à-dire dans sa belle-famille. Envie de s'exprimer librement, sans attirer la curiosité. Ce jour-là, une chanteuse est venue nous voir. Elle aussi épouse d'émigré, elle entonne des paroles évoquant sa vie. Malika, mariée depuis trois ans, écoute. « Cette chanson, c'est la vérité. Quand on l'entend on se décourage. On nous accuse de tout et de rien, nous les femmes de migrants. Tu pleures dans ton cœur en entendant cette chanson, à cause de la solitude. »

« Je regrette ce mariage mais je vais l'attendre, même si je n'ai pas d'enfants. Dans tout ça, l'important c'est d'être indépendante financièrement. Une femme doit savoir se battre

Malika (pseudonyme), vingt-deux ans, mariée depuis 3 ans à un 'Italien', vend des bananes et des pagnes au marché de Béguédo. Elle a discrètement ouvert un compte en banque et y met de l'argent dès qu'elle en a l'occasion. "On ne peut pas tout dire, ni faire confiance à 100%". Un proverbe Bissa résume bien son attitude. "Si tu dors sur la natte de quelqu'un, c'est comme si tu dors par terre.".

Béguédo, Burkina Faso, 2015.

comme un homme. Il m'envoie de l'argent quand il a un contrat saisonnier, donc ce n'est pas régulier. La dernière fois qu'il m'a transféré de l'argent c'était il y a un mois. Le guichetier de l'agence m'a donné 50 000 francs CFA (76 euros). De mon côté, je vends des vêtements de seconde main et des bananes. Quand je gagne de l'argent je vais le mettre sur mon compte bancaire, que j'ai ouvert moi-même. Je ne l'ai dit à personne, même pas à mon mari. On ne sait jamais en qui on peut avoir vraiment confiance.

Ma mère m'a toujours dit d'être indépendante financièrement, elle s'est toujours battue pour ça. Elle vendait des condiments au marché. Ce n'est pas parce que ton mari est Italien que tu vas rester à la maison. S'il te ment, tu vas faire comment ? Même s'il envoie beaucoup d'argent, je vais me battre encore pour ajouter dessus. Ici, on a un proverbe qui dit : Si tu dors sur la natte de quelqu'un d'autre, c'est comme si tu dormais sur le sol.

Ce n'est pas facile pour les épouses d'émigrés. Tu es obligée de ne pas compter que sur ton mari. Déjà, je n'ai pas encore d'enfants. On ne s'est pas vu beaucoup aussi, c'est pour ça. En fait, il a donné la cola à ma famille avant de repartir en Italie. Puis je ne l'ai plus vu pendant un an. C'est quand il est revenu que nous nous sommes mariés, il y a trois ans. Pendant ces années, je ne l'ai vu qu'une fois. J'attends son retour pour espérer être enceinte. Pour le moment personne ne met la pression pour que j'enfante.

Il y a des épouses de migrants qui n'ont pas d'enfants et on ne leur dit rien. C'est Dieu qui veut seulement. Mais c'est vrai que si tu te maries c'est d'abord pour avoir un enfant. Il n'existe pas de femmes qui ne veulent pas avoir d'enfants. Entre nous on se le dit, on prie pour que Dieu nous donne un bébé. Avoir un enfant te rend femme. Tu dois être indépendante aussi dans le cas où ton mari prend une deuxième épouse. Pour l'instant, je me dis que jamais je ne pourrai accepter une seconde femme. Je me battrai contre ça. S'il ne m'écoute pas, je le quitterai. Mais si je me remarie ce sera encore le même problème. Mon nouveau mari aussi pourra prendre une autre femme plus tard, c'est la religion musulmane qui veut ça.... Si tu te plains, qui va t'écouter ? ».

Alimata

« Une rencontre, et dix jours plus tard, un mariage »

Alimata rigole beaucoup. Mais il n'est pas toujours facile de savoir si ses rires sont sincères ou s'ils sont là pour masquer une tristesse, pour ne pas paraître faible devant les autres. D'ailleurs dit-elle, l'année dernière ça n'allait pas aussi bien. Sa voix, ses gestes, sont en tout cas dynamiques quand elle montre les pièces où elle vit avec ses deux enfants, dans la maison familiale. Dans le salon/cuisine, il n'y a pas grand chose. De la vaisselle, posée sur une table en bois, qu'on lui a offert à son mariage, en 2008. Un ordinateur portable sur le sol, qui n'est pas le sien.

Elle insiste. Ici rien de provient d'Italie. Comprendre : son mari émigré est pauvre. Alimata donne un exemple : « certaines femmes reçoivent régulièrement d'Italie de la nourriture, des radios, des télés ». Elle répète n'avoir jamais goûté de farine ou de spaghettis venant de là-bas. Dehors, sa fille tente de rattraper un mouton qui veut s'échapper par le grand portail en fer de l'entrée. A droite, un camion de transport des années 1970, presque désossé, et qui ne sera jamais réparé. A gauche, un auvent en tôle qui abrite une dizaine de sacs de charbon, qui seront vendus par Alimata. Sur le sol, des fils électriques courent le long des murs de la maison.

Alimata, vingt-six ans, fait pousser arachides, gombo et oignons, tout en tenant un commerce de charbon. Mariée depuis sept ans à un Italien, elle n'a pas passé plus de six mois avec lui sous le même toit depuis leur mariage.

Béguédo, Burkina Faso, 2015.

« Quand les Italiens reviennent à Béguédo, les filles se coiffent bien, portent de belles robes, se maquillent joliment. Pour leur plaire, elles étalent aussi des pommades pour avoir la peau plus claire. Les Italiens aiment ça. Je ne sais pas vraiment pourquoi. Peut-être parce qu'en Italie ils voient beaucoup de blanches ?

En tout cas mon mari ne m'a jamais parlé de ça, il ne m'a pas demandé d'avoir la peau moins noire. On s'est rencontrés au marché. Ce jour-là j'étais belle. Il m'a saluée, s'est présenté, on a discuté. Je le trouvais beau, bien noir. J'ai aimé son nez, ses yeux, sa bouche. Une jolie bouche pour les bisous. Il m'a plu dès que je l'ai vu. Il m'a aussi expliqué qu'il travaillait en Italie. Ça m'a intéressé parce que ici on dit qu'il y a de l'argent là-bas. Il a voulu vite se marier avec moi. Je lui ai accordé ce mariage rapidement. Je sais qu'il est amoureux de moi, sinon, pourquoi aurait-il voulu m'épouser ? Dix jours plus tard on se mariait ! A l'époque il avait vingt-cinq ans, moi dix-huit. Ces mariages rapides ne me posent pas de problèmes. C'est normal, il devait repartir en Italie. C'était vraiment un beau mariage. On a dansé sur de la musique traditionnelle. On a bien mangé, il y avait de la viande. Après le mariage religieux nous sommes allés transcrire l'union à la mairie. Il est ensuite resté trois semaines à Béguédo avant de repartir en Italie. Là j'ai pris la grossesse de ma fille. Il n'est revenu que quelques années plus tard, toujours pour trois semaines, et je suis tombée enceinte de mon garçon.

Il revient tous les trois ans. Il ne peut pas faire plus car il ne travaille pas donc il n'a pas d'argent. Il peut se passer des mois sans qu'il ne m'envoie un transfert. Je me suis mariée et j'ai vu qu'il n'y a rien. Mais on ne peut pas reculer. Il est pauvre mais heureusement, il est très gentil avec moi. Quand tu es une jeune fille, qu'est-ce que tu connais à la vie ? Aujourd'hui, je regrette. J'aurai dû continuer l'école. Mes camarades sont devenus fonctionnaires. Beaucoup ont acheté leurs parcelles[1], et ils n'ont pas plus de vingt-quatre ans. Les fonctionnaires

---
1. Parcelle : un champ

gagnent de l'argent tous les mois, même si c'est un peu, c'est plus sécurisant. Moi je n'ai pas 100 000 francs CFA en poche (150 euros) alors que je suis une femme d'Italien ! J'aurais dû me marier avec un homme qui reste ici. Même s'il est pauvre, au moins ton époux est à tes côtés, avec nos enfants.

Au début, j'espérais le rejoindre en Italie. Maintenant je ne veux plus partir, je gagne ma vie ici. Il n'y a pas longtemps j'ai commencé un commerce de charbon. Je remercie Dieu car je me débrouille. C'est très important d'avoir son travail. Ce que tu gagnes c'est pour toi, tu peux aller acheter ce que tu veux, sans demander à quelqu'un. Si je ne gagnais pas d'argent avec mon commerce je me serais séparée de lui, je serais retournée chez mes parents. C'est la situation qui m'a amenée à devenir commerçante. Il y a trois mois je n'étais pas comme ça hein ! Avant je n'avais même pas 200 francs CFA (30 centimes d'euro) pour acheter un paquet de spaghettis. Maintenant ça va mais c'est parce que je travaille !

Je me dis que c'est à lui de revenir s'installer à Béguédo. On peut faire prospérer mon commerce ensemble. Ça vaudra mieux que son travail là-bas. Plus tard, grâce à l'argent du charbon, je pourrai lui payer un billet d'avion pour qu'il rentre. ».

Awa

« L'aventurière du Gabon »

De la poigne, de la gouaille, de la franchise et de la bonne humeur. Dans la cour de sa maison, Awa, trente-huit ans, distribue des ordres aux gamins qui l'entourent, tout en racontant son histoire. Elle se moque gentiment de son mari, qu'elle a épousé il y a dix-neuf ans, et des petites sommes d'argent qu'il lui envoie. Avant l'Italie, son époux a longtemps travaillé au Gabon, en Afrique centrale. Elle l'a rejoint pendant cinq ans, avant de revenir à Béguédo. Lui est maintenant en Italie, depuis trois ans.

Après avoir longtemps discuté sous le soleil, elle nous montre sa chambre. Un grand lit, qu'elle partage avec ses deux enfants. La pièce est sombre. S'y entasse une grande quantité de vaisselle en aluminium, recouverte de napperons, pour éviter que la poussière ne s'accumule.

« J'étais d'accord pour le rejoindre au Gabon car ici il n'y a pas de travail. Dans ce pays, les affaires marchaient plutôt bien. Il y avait de quoi envoyer de l'argent à la famille.

J'aime partir à l'aventure, surtout que là c'était pour retrouver mon mari. Il est venu me chercher à la gare routière. On s'est embrassés, serrés dans les bras. J'étais contente parce qu'on allait pouvoir avoir d'autres enfants. A l'époque nous n'avions qu'une seule fille, qui est restée à Béguédo avec ma mère. Maintenant nous en avons deux. Les autres femmes

Même humiliée par la présence imposée d'une co-épouse de 20 ans sa cadette, Awa ne perd pas son sens de l'humour quand elle raconte ses péripéties de Béguédo à Libreville, et sa réaction quand son mari lui a annoncé qu'il se remariait.

Béguédo, Burkina Faso, 2015.

auraient aussi voulu pouvoir suivre leurs maris. Etre avec son époux, ça évite aussi les rumeurs de quartier.

Avec l'argent du Gabon nous avons construit un bâtiment en dur et en tôle, avec deux chambres. Et puis un jour, il a voulu partir en Italie. J'ai essayé de lui dire « restons au Gabon » mais il a voulu tenter l'aventure. Il était certain de gagner plus d'argent en Europe. Ses parents ont insisté pour qu'il aille tenter sa chance là-bas. Lui seul a pris son visa pour l'Italie, depuis le Gabon. Nous n'avions pas assez d'argent pour payer deux visas. Quand il est parti en Italie, je suis revenue à Béguédo. Là-bas, il travaille peu. Il n'a trouvé que des contrats saisonniers et journaliers dans l'agriculture. Il ramasse des tomates. Il n'a pas assez d'argent pour louer un logement à lui tout seul alors comment ferait-il pour amener la famille ? De mon côté, je voudrais retourner au Gabon pour reprendre un commerce.

A l'époque je travaillais dans un salon de coiffure. Malheureusement, ce n'est plus possible pour moi de retourner au Gabon. La famille ne veut pas me laisser partir. Ici, c'est comme ça. Soit tu restes dans la belle-famille quand ton mari est à l'étranger, soit tu pars avec lui. Je travaille un peu ici. Avec l'argent de l'Italie, on a acheté un congélateur. Je l'utilise pour vendre des sachets d'eau glacée. Je vends aussi des bonbons et des sandwichs à la sortie de l'école. Je cultive des arachides, des haricots. Depuis qu'il est en Italie, il n'envoie pas beaucoup d'argent, peut-être 25 000, 50 000 francs CFA de temps en temps (entre 38 et 76 euros).

S'il avait de l'argent, je sais qu'il en enverrait. Je ne suis pas fâchée contre lui. Je comprends très bien que là-bas il n'y a pas d'argent, pas de travail ».

ANNEXE

Retranscription de la chanson ***Les femmes des voyageurs,*** de la Burkinabée Husseina Noni

Les femmes des voyageurs se maîtrisent.

Si ton mari part à l'aventure tout le monde à l'oeil sur toi.

Les maraboutages c'est pour les femmes des immigrés, pour que les maris envoient de l'argent et les aiment.

Les gens vont dire que tu es une femme adultère.

Les maris là-bas ne cherchent pas à comprendre ce qui se passe sur place, ils écoutent trop les rumeurs.

Ils finissent par prendre une deuxième épouse et nos bagages sont jetés hors de la maison.

Même le Coran dit que les maris ne doivent pas laisser leurs femmes loin longtemps.

Les femmes des Guinéens, des Gabonais, des Italiens, elles se maîtrisent.

Toutes les rumeurs qu'on entend sur elles sont fausses.

Et même si on commet l'adultère, c'est pas de notre faute, c'est à cause de la distance, de la solitude.

Il est parti, tu es seule.

Ton mari t'a laissée pour aller loin.

Parfois la nuit tu te sens seule, tu as envie de ton homme mais tu es obligée de gérer.

Si dans le quartier il y a un vol, un adultère, un maraboutage, on dit que c'est les femmes des voyageurs.

Pourtant tout ça n'est pas de notre faute.

La souffrance ça fait vieillir.

L'homme va dire que tu es trop vieille, que tu ne connais plus la vie actuelle, que tu ne sais pas faire l'amour.

Cet homme t'a laissée avec toutes les souffrances du monde.

Lui, là-bas, il fait sa vie.

Toi, ici, tu ne dois même pas oser rien faire.

On a que des problèmes pour enfanter quand ils partent de longues années.

Les congés c'est seulement un mois, deux mois.

Tu n'as pas de mari et pas d'enfants non plus.

On ne veut pas qu'ils nous payent un vélo, nous ce qu'on veut c'est une moto de marque Rainbow.

Si tu vois un couple ensemble, ça te donne envie.

Tu vas être tentée d'aller voir ailleurs.

«Nematou Bara est restée sans nouvelle de son mari pendant plus de 6 mois. Elle a continué à travailler au champ, à tenir son petit commerce et à élever leurs deux enfants. Nematou regrette d'avoir arrêté l'école trop tôt. J'aurais pu être médecin ou fonctionnaire, mais maintenant c'est trop tard.»

Béguédo, Burkina Faso, 2015

Table des matières

Sommaire 11

Introduction 13

Note de la photographe 16

CHAPITRE I
Louga, Sénégal 17

Cumba
« Je m'imaginais une grande richesse » 25

Ndeye Maguette
« La nuit dure trop longtemps » 31

Ndeye Fatou
« Je l'ai attendu toute ma vie.
Aujourd'hui je suis vieille mais divorcée » 37

Mariam
« Je suis tombée enceinte d'un autre
pour que mon mari me répudie » 41

Awa
« Un mariage d'amour » 43

CHAPITRE II
Abidjan, Côte d'Ivoire 49

FANTA
« Je lui ai donné toutes mes économies » 53

DANIELLE
« Quand tu es une femme, demander
le divorce, c'est être considérée comme capricieuse » 57

KADY
« Pendant des années je n'ai pas su
s'il était vivant ou mort » 61

FATOU
« Je l'ai encouragé à partir en France » 65

CHAPITRE III
Béguédo, Burkina Faso 69

ADIASSA
« Je suis une épouse délaissée » 75

MALIKA
« Une femme doit savoir se battre comme un homme » 79

ALIMATA
« Une rencontre, et dix jours plus tard, un mariage » 83

AWA
« L'aventurière du Gabon » 87

ANNEXE **91**

L'AFRIQUE

AUX ÉDITIONS L'HARMATTAN

Dernières parutions

LES CHEMINS DE LA MODERNITÉ EN AFRIQUE
Pour changer l'Afrique, changeons de paradigme
Do Nascimento José
Comment comprendre et expliquer la trajectoire post-coloniale des sociétés africaines ? Au-delà des explications doctrinales, idéologiques et surnaturelles, l'observation des faits montre que partout où l'Afrique post-coloniale trébuche, elle trébuche par défaut de modernité. Il faut entendre l'absence d'une organisation sociale basée sur les principes d'anticipation, d'efficience, d'émancipation et de rationalité. Voici un corpus intellectuel nouveau, des grilles de lecture nouvelles permettant de penser d'une manière émancipatrice le continent.
(45.00 euros, 616 p.)
ISBN : 978-2-343-13563-2, ISBN EBOOK : 978-2-14-005271-2

LA RELANCE DE L'AFRIQUE
Nkunzumwami Emmanuel
L'Afrique est tantôt perçue avec commisération pour celles et ceux qui en attendaient un décollage économique, avec de réels progrès sociaux et une place de ses pays au milieu des grandes nations, tantôt avec une grande espérance pour celles et ceux qui croient que ses mauvais jours sont derrière nous. Ce livre vise à réconcilier les deux perceptions de l'Afrique, sur la base des analyses objectives et claires. Il présente l'état des lieux sur le continent, et propose des chantiers pour en relancer les économies.
(Coll. Études africaines, 37.00 euros, 364 p.)
ISBN : 978-2-343-13508-3, ISBN EBOOK : 978-2-14-005314-6

PATRIMOINE CULTUREL AFRICAIN
Matériau pour l'histoire, outil de développement
Fouellefak Kana Célestine Colette, Nzesse Ladislas
Préface de Denis Bienvenu Nizéséty
Cet ouvrage vise à accompagner les peuples africains à s'approprier leur histoire et leur culture. Placer le patrimoine africain au cœur de la recherche, c'est poser indubitablement la question de la mémoire et de l'héritage collectif, interroger les valeurs culturelles et impulser les créations artistiques et littéraires. Comment reconstituer l'histoire de l'Afrique à travers son patrimoine culturel ? Comment préserver les traditions culturelles africaines dans un contexte de mondialisation ?
(Harmattan Cameroun, 39.00 euros, 472 p.)
ISBN : 978-2-343-13542-7, ISBN EBOOK : 978-2-14-005312-2

DE LA REINE DE SABA À MICHELLE OBAMA
Africaines, héroïnes d'hier et d'aujourd'hui
À la lumière de l'œuvre de Cheikh Anta Diop
LY-TALL Aoua B. - Préface de Serge Bouchard
Triplement victimes (colonisation/esclavage, idéologies d'infériorisation et domination mâle), de grandes figures féminines africaines restent méconnues. Cet ouvrage, dans la perspective de contribuer à les sortir des décombres de l'Histoire, met en relief leurs personnalités hors pair, leurs pouvoirs spirituel, politique, économique, social, culturel et scientifique, ainsi que leurs influences sur le cours de l'histoire de leurs sociétés, et même, sur celui du monde.
(Harmattan Sénégal, 26.00 euros, 260 p.)
ISBN : 978-2-343-11163-6, ISBN EBOOK : 978-2-14-005291-0

MOBILITÉ PASTORALE ET DÉVELOPPEMENT AU SAHEL
Gaye Ibrahima Diop - Pôle Pastoralisme et Zone Sèches
Préface d'Aminata Mbengue Ndiaye
Le Sahel, espace géomorphologique en marge du désert saharien, reste encore très largement le domaine du pastoralisme. Mais il demeure encore banalement et économiquement marginalisé et sous le poids de déficits remarquables : de l'aménagement du territoire aux services publics, et à l'éducation. Que réservent à la mobilité des pasteurs et de leurs animaux les courants actuels de recomposition territoriale et de régionalisme politico-administratif ? Et que nous réserve la souplesse adaptative traditionnelle des pasteurs ?
(Harmattan Sénégal, 26.00 euros, 250 p.)
ISBN : 978-2-343-13610-3, ISBN EBOOK : 978-2-14-005277-4

LA SOCIÉTÉ SONINKÉ
Hier, aujourd'hui et demain
Cheikh Bouye Diallo Djibril
Cet essai a l'ambition de contribuer à faire connaître la société soninké, sa culture, ses valeurs, son organisation, mais aussi les problèmes, les tensions et les difficultés qu'elle connaît. Il procède à une analyse critique de certaines caractéristiques sociologiques et mentales de cette communauté millénaire.
(Coll. Études africaines, 20.50 euros, 200 p.)
ISBN : 978-2-343-13262-4, ISBN EBOOK : 978-2-14-005310-8

L'ÉMERGENCE ÉCONOMIQUE DANS LES PAYS DE L'AFRIQUE SUBSAHARIENNE
Comment y parvenir ?
N'Gakosso Antoine
Plusieurs pays de l'Afrique subsaharienne ont décrété l'atteinte de leur émergence économique à un horizon précis. Or l'émergence ne se décrète pas - c'est un processus qui se construit. Quelle marche un pays candidat à l'émergence se doit-il de suivre ? Pour y parvenir, le pays devra d'abord être pré-émergent, statut dont le livre met en exergue les critères. Une grille d'évaluation y est également proposée.
(Coll. Études africaines, 14.50 euros, 130 p.)
ISBN : 978-2-343-12737-8, ISBN EBOOK : 978-2-14-004975-0

TU SERAS DOCTEUR.E MON ENFANT !
Expériences et postures de recherche des thésards africains
African PhD Student's Experience and Resarch Perspectives
Sous la direction de Kojoue Larissa
L'économie mondiale du savoir auquel l'Afrique devrait contribuer passe nécessairement par le renforcement de la formation doctorale et le soutien à la recherche. Les étudiants africains s'engagent la plupart du temps dans une thèse sans repères, sans date butoir, sans bibliothèque, sans financements, sans ordinateurs, sans un encadrement effectif et surtout sans autres moyens que la volonté d'y arriver. Concrètement, comment rédige-t-on une thèse de doctorat en Afrique aujourd'hui ? Comment devient-on docteur(e) en sciences sociales à Yaoundé, à Ouagadougou, à Dakar ?
(Coll. Études africaines, 29.00 euros, 278 p.)
ISBN : 978-2-343-12964-8, ISBN EBOOK : 978-2-14-005367-2

LA DÉCOLONISATION ÉCONOMIQUE DE L'AFRIQUE NOIRE FRANÇAISE
Par l'émergence des entreprises nationales et compétitives
Nouafo Joubert
Plus d'un demi-siècle après avoir conquis leurs indépendances, les habitants des États de l'Afrique noire française croupissent toujours dans la pauvreté et la misère. Cette situation résulte du fait que l'ancienne métropole, en leur délaissant le champ politique, a conservé le pouvoir économique grâce à des artifices savants qu'elle a mis en place. Certains pères de l'indépendance avaient compris, avec lucidité, que sans indépendance économique, l'indépendance politique n'est qu'un vain mot.
(Coll. Études africaines, 27.00 euros, 270 p.)
ISBN : 978-2-343-13171-9, ISBN EBOOK : 978-2-14-005206-4

DE LA DIALECTIQUE DÉMOCRATIE / DÉVELOPPEMENT EN AFRIQUE
Contribution au forum de Delphes
Tété-Adjalogo Têtêvi Godwin - Préface de Bemba B. Nabouréma
S'il est exact que «sans théorie révolutionnaire, pas de mouvement révolutionnaire», il est également vrai que cette théorie doit être périodiquement revisitée, reformulée d'une autre façon, sous d'autres angles, avec d'autres termes. C'est dans cet esprit que l'auteur a choisi d'écrire le présent ouvrage - enrichi par les travaux d'un forum tenu à Delphes en 1994 - dans l'espoir que ce pensum trouvera son utilité chez la jeunesse africaine, à la recherche de sa voie...
(15.50 euros, 144 p.)
ISBN : 978-2-343-13247-1, ISBN EBOOK : 978-2-14-005064-0

LE DÉVELOPPEMENT TOURISTIQUE EN AFRIQUE CENTRALE
Une région aux marges du tourisme
Ngar-Odjilo Marabé - Préface de Philippe Bachimon
Cet ouvrage traite du caractère inégal et paradoxal du développement du tourisme perçu, d'une part, comme un véritable instrument de développement par un grand nombre d'institutions internationales. D'autre part, le potentiel

du tourisme est très peu exploré par plusieurs pays africains, notamment ceux de l'Afrique centrale. Le changement de paradigme à travers le choix de la diversification des économies africaines, une urgence pour ces pays, donnera-t-il une place au tourisme ?
(Coll. Études africaines, 28.00 euros, 280 p.)
ISBN : 978-2-343-12741-5, ISBN EBOOK : 978-2-14-005100-5

BERGERS DE LUMIÈRE
Voyage au pays des Peuls
Mariotti Jean-Michel - Préface de Tierno Monénembo
«On dit que les Peuls sont les Juifs de l'Afrique» (Tierno Monénembo). En se laissant guider par leurs troupeaux jusqu'aux rives du fleuve Niger, les Peuls firent le choix de la liberté. Ils ne revendiquèrent pas une terre promise mais s'intégrèrent dans les pays traversés. En suivant ces étranges «bergers de lumière» au cours de leur longue histoire, le lecteur découvrira un aspect souvent méconnu de leur culture.
(Sépia, 24.00 euros, 136 p.)
ISBN : 979-10-334-0127-8, ISBN EBOOK : 978-2-14-005213-2

LES SYSTÈMES DE NUMÉROTATION PARLÉE EN AFRIQUE DE L'OUEST
Modes de dénombrement et imaginaire social
Kane Abdoulaye Elimane
Cet ouvrage consacré aux systèmes de numérotation parlée des groupes ouest-atlantique et mande s'inscrit dans la lignée d'une réflexion philosophique sur l'histoire des sciences et techniques. S'intéressant aux systèmes de numérotation parlée dans les langues africaines, il se situe au carrefour de la linguistique africaine, de l'anthropologie, de l'histoire des peuples d'Afrique et de leurs conceptions et usages de l'idée de nombre.
(Coll. Oralités, 36.00 euros, 358 p.)
ISBN : 978-2-343-13246-4, ISBN EBOOK : 978-2-14-004984-2

MANUEL DE PHONOLOGIE DES LANGUES BANTOUES DU CONGO
Kouarata Guy Noël
Ce manuel est un outil pédagogique visant à initier les étudiants en linguistique à la phonologie des langues bantoues du Congo. Il traite de l'identification des phonèmes, de leur classement, de leurs traits distinctifs, de leur combinaison et de tous les phénomènes phoniques observés dans la variation des formes dans ces langues. Le livre est constitué de plusieurs leçons, appuyées par 29 exercices pratiques permettant aux apprenants de s'exercer le plus possible.
(Coll. Études africaines, 12.00 euros, 86 p.)
ISBN : 978-2-343-09690-2, ISBN EBOOK : 978-2-14-005010-7

Structures éditoriales du groupe L'Harmattan

L'Harmattan Italie
Via degli Artisti, 15
10124 Torino
harmattan.italia@gmail.com

L'Harmattan Hongrie
Kossuth l. u. 14-16.
1053 Budapest
harmattan@harmattan.hu

L'Harmattan Sénégal
10 VDN en face Mermoz
BP 45034 Dakar-Fann
senharmattan@gmail.com

L'Harmattan Mali
Sirakoro-Meguetana V31
Bamako
syllaka@yahoo.fr

L'Harmattan Cameroun
TSINGA/FECAFOOT
BP 11486 Yaoundé
inkoukam@gmail.com

L'Harmattan Togo
Djidjole – Lomé
Maison Amela
face EPP BATOME
ddamela@aol.com

L'Harmattan Burkina Faso
Achille Somé – tengnule@hotmail.fr

L'Harmattan Côte d'Ivoire
Résidence Karl – Cité des Arts
Abidjan-Cocody
03 BP 1588 Abidjan
espace_harmattan.ci@hotmail.fr

L'Harmattan Guinée
Almamya, rue KA 028 OKB Agency
BP 3470 Conakry
harmattanguinee@yahoo.fr

L'Harmattan Algérie
22, rue Moulay-Mohamed
31000 Oran
info2@harmattan-algerie.com

L'Harmattan RDC
185, avenue Nyangwe
Commune de Lingwala – Kinshasa
matangilamusadila@yahoo.fr

L'Harmattan Maroc
5, rue Ferrane-Kouicha, Talaâ-Elkbira
Chrableyine, Fès-Médine
30000 Fès
harmattan.maroc@gmail.com

L'Harmattan Congo
67, boulevard Denis-Sassou-N'Guesso
BP 2874 Brazzaville
harmattan.congo@yahoo.fr

Nos librairies en France

Librairie internationale
16, rue des Écoles – 75005 Paris
librairie.internationale@harmattan.fr
01 40 46 79 11
www.librairieharmattan.com

Lib. sciences humaines & histoire
21, rue des Écoles – 75005 Paris
librairie.sh@harmattan.fr
01 46 34 13 71
www.librairieharmattansh.com

Librairie l'Espace Harmattan
21 bis, rue des Écoles – 75005 Paris
librairie.espace@harmattan.fr
01 43 29 49 42

Lib. Méditerranée & Moyen-Orient
7, rue des Carmes – 75005 Paris
librairie.mediterranee@harmattan.fr
01 43 29 71 15

Librairie Le Lucernaire
53, rue Notre-Dame-des-Champs – 75006 Paris
librairie@lucernaire.fr
01 42 22 67 13